FINAL HSK

― 실전 모의고사 ―

4급

FINAL HSK 실전—모의고사 4급

초판인쇄	2023년 4월 10일
초판발행	2023년 4월 20일

편저	倪明亮
편역	권연주
편집	최미진, 연윤영, 가석빈, 엄수연, 高霞
펴낸이	엄태상
디자인	진지화
조판	이서영
콘텐츠 제작	김선웅, 장형진
마케팅본부	이승욱, 왕성석, 노원준, 조성민, 이선민
경영기획	조성근, 최성훈, 정다운, 김다미, 최수진, 오희연
물류	정종진, 윤덕현, 신승진, 구윤주

펴낸곳	시사중국어사(시사북스)
주소	서울시 종로구 자하문로 300 시사빌딩
주문 및 문의	1588-1582
팩스	0502-989-9592
홈페이지	http://www.sisabooks.com
이메일	book_chinese@sisadream.com
등록일자	1988년 2월 12일
등록번호	제300 - 2014 - 89호

ISBN 979-11-5720-243-0 (14720)
　　　979-11-5720-241-6 (SET)

新中国汉语水平考试HSK应试指南（四级）

HSK 4급 따기 Final 비법 4!

1
영역별 문제풀이 핵심을 알자!

영역별 문제풀이 핵심을 정확히 파악하면 문제를 대하는 시선이 달라진다. 문제를 푸는 데 필요한 것만 확실하게 짚어내 익히고 문제풀이 훈련을 하자!

2
양질의 문제를 많이 풀어 보자!

북경어언대 HSK 전문 집필진이 공들여 선별한, 최신 경향에 맞춘 양질의 문제를 꼼꼼히 풀어 보자. 문제 양도 풍부하여 반복 훈련이 가능하다.

3
듣기를 잡으면 HSK가 잡힌다!

북경어언대 원서에서만 만날 수 있는 특혜! 중국 현지에서 직접 녹음한 파일로 학습하여 실전 감각을 익히자!

4
실전 모의고사 3세트로 4급 마무리하자!

출제자의 의도를 정확히 반영한 고퀄리티의 실전 모의고사 3세트로 4급 시험 준비를 마무리할 수 있다!

차례

PART 1   영역별 훈련

1. 듣기

2. 독해

3. 쓰기

해설집

▶ 해설집 다운로드

※ 해설집 PDF 파일은 로그인 후
무료 다운로드 가능합니다.

Final HSK 실전 모의고사 - 100% 활용법

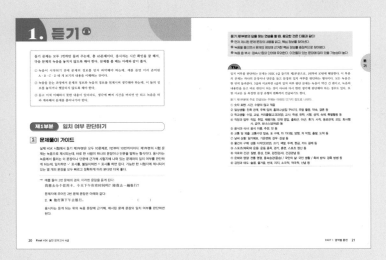

영역별 문제풀이 핵심 체크

장황한 설명은 No!
영역별로 핵심만 체크하고
문제풀이로 바로 넘어가세요!

대량의 문제 무한 반복 풀기

영역별로 3회 분량의 문제가
실려 있어 영역별 핵심을 바로
문제에 연결시켜 풀어 보세요!

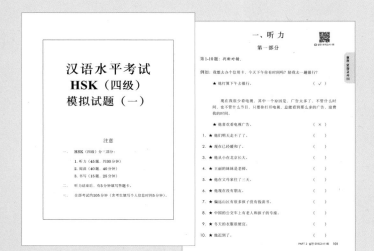

실전 모의고사 3회분으로 실력 점검

실제 시험에서는 실전 감각이
중요하므로 실전처럼 제한 시간 안에
문제를 풀어 보세요.

QR로 언제 어디서든 간편하게
음원을 들으며 문제를 풀 수 있어요!

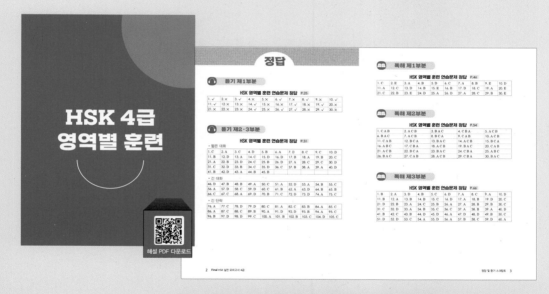

교재 속 QR만 찍으면 정답은 물론 해설을 바로 볼 수 있어요.
해설집 PDF파일은 간편하게 무료로 다운받아 언제나 볼 수 있어요.

HSK는 제1언어가 중국어가 아닌 사람의 중국어 능력을 평가하기 위해 만들어진 중국 정부 유일의 국제중국어능력 표준화 시험으로 생활, 학습, 업무 등 실생활에서의 중국어 운용능력을 중점적으로 평가하는 시험입니다.

1 시험 구성

HSK는 국제 중국어능력 표준화 시험으로, 중국어가 모국어가 아닌 사람들이 생활, 학습, 업무 면에서 중국어로 교류하는 능력을 중점적으로 테스트합니다. HSK는 필기시험과 구술시험의 두 가지 부분으로 나누어지고, 필기시험과 구술시험은 서로 독립적입니다. 필기시험은 1급, 2급, 3급, 4급, 5급과 6급 시험으로 나누어지고, 구술시험은 초급, 중급, 고급으로 나누어지며 구술시험은 녹음의 형식으로 이루어집니다.

필기 시험	구술 시험
HSK(1급)	HSKK(초급)
HSK(2급)	
HSK(3급)	HSKK(중급)
HSK(4급)	
HSK(5급)	HSKK(고급)
HSK(6급)	

2 시험 등급

HSK의 각 등급에 따른 단어 수와 중국어 학습 능력 수준은 아래의 표와 같습니다.

HSK	단어 수	중국어 학습 능력 수준
1급	150	매우 간단한 중국어 단어와 구문을 이해하고 사용할 수 있으며, 구체적인 의사소통 요구를 만족시키며, 한 걸음 더 나아간 중국어 능력을 구비합니다.
2급	300	익숙한 일상생활을 주제로 하여 중국어로 간단하게 바로 의사소통 할 수 있으며, 초급 중국어의 우수한 수준에 준합니다.
3급	600	중국어로 생활, 학습, 비즈니스 등 방면에서 기본적인 의사소통 임무를 수행할 수 있으며, 중국에서 여행할 때도 대부분의 의사소통을 할 수 있습니다.
4급	1,200	중국어로 비교적 넓은 영역의 주제로 토론을 할 수 있고, 비교적 유창하게 원어민과 대화할 수 있습니다.
5급	2,500	중국어로 신문과 잡지를 읽고, 영화와 텔레비전을 감상할 수 있으며, 중국어로 비교적 높은 수준의 강연을 할 수 있습니다.
6급	5,000 이상	중국어로 된 소식을 가볍게 듣고 이해할 수 있고, 구어체나 문어체의 형식으로 자신의 견해를 자유롭게 표현할 수 있습니다.

③ 접수 방법

❶ 인터넷 접수 : HSK 한국사무국 홈페이지(http://www.hsk.or.kr)에서 접수

❷ 우편 접수 : 구비서류를 동봉하여 등기우편으로 접수
   ※ 구비서류 : 응시원서(사진 1장 부착) + 사진 1장 + 응시비 입금 영수증

❸ 방문 접수 : HSK 한국사무국에서 접수(*HSK PBT만 가능)

④ 접수 확인 및 수험표 발급 안내

❶ 접수 확인 : 모든 응시생은 접수를 마친 후 HSK 홈페이지에서 접수 확인을 합니다.

❷ 수험표 발급 : 수험표는 홈페이지 나의 시험정보 <접수내역> 창에서 접수 확인 후 출력
   가능합니다. 우편접수자의 수험표는 홈페이지를 통해 출력 가능하며, 방문
   접수자의 수험표는 접수 시 방문접수 장소에서 발급해 드립니다.

⑤ 성적 결과 안내

인터넷 성적 조회는 시험일로부터 HSK IBT는 2주 후, HSK PBT는 1개월 후이며, HSK 개인
성적표는 시험일로부터 45일 후 수령 가능합니다.

⑥ 주의사항

- 접수 후에는 응시등급, 시험일자, 시험장소, 시험방법의 변경이 불가능합니다.

- 고사장은 학교 사정과 정원에 따라 변동 및 조기 마감될 수 있습니다.
  (변경 시 홈페이지 공지)

- 천재지변·특수상황 등 이에 준하는 상황 발생시 시험일자의 변경이 가능합니다.
  (변경 시 홈페이지 공지)

- HSK 정기시험은 관련규정에 근거하여 응시 취소신청이 가능합니다.

· HSK 4급 Q&A

Q. HSK 4급 구성과 시험 시간 배점은 어떻게 되나요?

A. HSK 4급은 총 100문제로 듣기/독해/쓰기 세 영역으로 나뉩니다. 100문항을 약 100분 동안 풀어야 합니다. 각 영역별로 배점은 100점으로 총 300점 만점에 180점 이상이면 HSK 4급 합격증을 받을 수 있습니다. 듣기 영역이 끝난 후에는 5분의 답안 작성시간이 따로 주어집니다.

시험 내용		문항 수 / 배점		시험 시간
1 듣기	제1부분	10	45문항 / 100점	약 30분
	제2부분	15		
	제3부분	20		
듣기 영역에 대한 답안 작성시간				5분
2 독해	제1부분	10	40문항 / 100점	40분
	제2부분	10		
	제3부분	20		
3 쓰기	제1부분	10	15문항 / 100점	25분
	제2부분	5		
총계		100 문항 / 300점		약 100분

Q. 몇 점이면 합격인가요?

A. HSK 4급은 듣기/독해/쓰기 세 영역으로 총 100문항, 300점 만점입니다. 여기서 영역별 과락 없이 총점 180점 이상이면 4급 합격증을 취득할 수 있습니다. 하지만 성적표에 각 영역별로 성적이 모두 표시되고 있어 어떤 영역이 현저히 점수가 좋지 않은 것은 피하는 것이 좋습니다. 또한 요즘에는 180점이 커트라인이라고 하여도 200점 이상을 요구하는 곳이 많으므로 200점은 넘길 수 있도록 목표를 잡고 공부하는 것이 좋습니다.

Q. 얼마나 공부하면 HSK 4급을 취득할 수 있나요?

A. 어떤 사람은 중국어를 시작한 지 2달 만에도 HSK 4급에 도전해 합격하고 있습니다. 당연히 좀 더 많은 시간을 투자하고 공부하여 시험에 취득한 합격생도 있을 것입니다. 하지만 단기간에도 충분히 가능하다는 것입니다. 본인이 공부한 시간이 적다고 두려워하지 말고, 일정 기간 매일 정확한 시간을 투자하여 본 교재를 열심히 학습해주시기 바랍니다. 너무 어려운 부분이 있다면 오래 잡고 끙끙거리지 말고 잠깐 넘겨도 좋습니다. 모든 것을 다 얻으려고 하면 과부화 현상이 생기므로 이해가 잘 되는 부분은 정확하게 반복하여 숙지하고, 어려운 부분은 체크해 두고 잠시 넘어가면서 꾸준히 하는 것이 중요합니다. 그러면 누구나 HSK 4급을 취득할 수 있습니다.

Q. 이 교재 한 권으로 마무리하면 정말 HSK 4급을 취득할 수 있을까요?

A. 이 책에 실린 모든 문제는 실제 기출문제를 가공한 문제들로 이루어져 있어 최근 시험의 출제 경향을 100% 담았다고 할 수 있습니다. 문제풀이 가이드와 테크닉을 잘 따라간 후 실전 모의 고사 3회분으로 실력 점검을 제대로 하면 응시생 여러분도 HSK 4급 합격자가 될 수 있습니다.

Q. HSK 4급 시험의 난이도는 어떻게 되나요?

A. HSK의 출제경향과 시험의 난이도는 해마다, 달마다 달라지고 있으며, 다양한 표현과 새로운 유형들이 출제되고 있습니다. 하지만 급수마다 출제되는 어휘가 정해져 있기 때문에 기본에 충실했다면 고득점 취득도 문제 없습니다. 본 교재는 시험에서 반복적으로 빠지지 않고 출제 되고 있는 유형과 표현들을 집중적으로 학습시키고자 양질의 문제를 담았으므로 기본에 충실 했다면 새로운 문제가 나와도 유연하게 대처할 수 있습니다.

Q. HSK IBT는 무엇인가요?

A. 기존에는 HSK 시험 방식이 대부분 지류시험 방식(PBT)이었습니다. 하지만 최근에는 많은 응 시생들이 컴퓨터를 사용하여 문제를 푸는 방식인 IBT 역시 선택하여 시험을 치르고 있습니다. PBT 방식이든, IBT 방식이든 모두 같은 공인급수를 받을 수 있습니다.

IBT의 장점은 듣기의 경우 개개인이 헤드셋을 착용하고 듣기 때문에 좀 더 집중할 수 있고, 쓰 기의 경우 워드(Word)를 작성하는 것과 같은 방식으로 진행되기 때문에 워드 정도만 다룰 줄 안다면 글자를 몰라 헤매거나 지우개로 지웠다 썼다 하는 수고를 덜 수 있습니다. 단점은 오 로지 모니터로만 지문을 봐야 하기 때문에 독해의 경우 평소에 지류시험에 익숙한 응시생들 은 집중력이 떨어지는 경우가 많아 충분한 연습을 하고 응시해야 합니다. 응시생 여러분에게 맞는 좀 더 편한 방식을 선택하여 시험에 응시하면 됩니다.

*본책 12쪽 <HSK IBT 시험 순서 및 요령>을 확인하세요!

Q. 시험일자와 접수방법이 어떻게 되나요?

A. 기존에는 HSK 시험이 매달 1회씩, 12회가 실시되었습니다. 하지만 IBT라고 하는 컴퓨터를 사용하여 시험에 응시하는 방식이 생기면서 추가시험이 수시로 진행되고 있어 응시 기회가 더 많아졌습니다. 이에 따라 HSK시험을 진행하는 대행사 또한 많아져 접수방식에 조금씩 차 이가 있으므로, HSK 한국사무국(www.hsk.or.kr) 또는 HSK 탕차이니즈(www.hskkorea. co.kr) 등의 대행사 홈페이지를 통해 정확한 일정과 접수방식을 확인하는 것이 좋습니다.

1 시험 진행 순서 및 유의사항

※ 시험 진행 순서

소요시간	내용	참고
오전 9시까지	응시자 입실 완료 (수험표 번호로 고사장 확인 후, 입구에서 좌석 확인)	
약 20분	응시자 신분 확인 및 유의사항 안내, 답안지 작성 및 HSK IBT 설명	
약 10분	응시생 수험번호 입력과 HSK IBT System Login	
약 30분	듣기	각 항목별 중간 휴식시간 없음
5분	듣기 영역에 대한 답안 작성 시간	
40분	독해	
25분	쓰기	
총 시험 시간: 약 100분		

※ 유의사항
- 듣기 평가는 한 번씩 들려줍니다.
- 듣기 영역에 대한 답안은 각 문항의 듣기가 끝난 후, 다음 듣기 문항으로 넘어가기 전에 정답을 선택/클릭합니다.
- 모든 듣기 문제가 끝난 후 5분의 답안 체크 시간이 주어집니다.
- 답안 작성 시에는 왼쪽 화면의 답안 작성 상황을 살펴 누락시킨 문제가 없도록 확인합니다.
- 답안을 정정할 경우에는 새 답안을 다시 선택해야 합니다.
- 필기구를 책상 위에 놓거나 사용하는 행위는 발각 시 부정행위 처리됩니다.

화면 메뉴 기능 설명

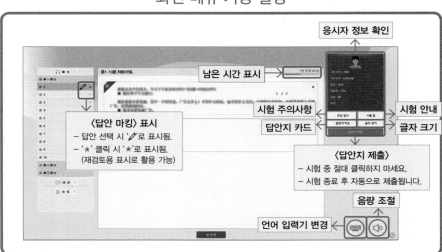

2 시험 응시 매뉴얼

① 언어 선택

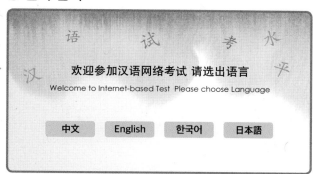

- 한국어, 중국어, 영어, 일본어 중 한 가지를 선택합니다.

② 로그인

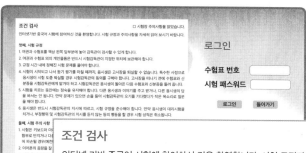

- 수험표 번호와 패스워드를 입력합니다. (수험표 번호와 패스워드는 시험 당일 모니터 하단 또는 칸막이에 부착되어 있음)
- 응시자 정보가 뜨면 정보를 확인합니다.

조건 검사   ☐ 시험장 주의사항을 읽었습니다.

인터넷 기반 중국어 시험에 참여하신 것을 환영합니다. 시험 규정과 주의사항을 자세히 읽어 보시기 바랍니다.

첫째, 시험 규정

1. 여권과 수험표를 책상 왼쪽 앞부분에 놓아 감독관이 검사할 수 있게 합니다.
2. 여권과 수험표 외의 개인물품은 반드시 시험감독관이 지정한 위치에 보관해야 합니다.
3. 규정 시간 내에 정해진 시험 문제를 풀어야 합니다.
4. 시험이 시작되고 나서 듣기 평가를 마칠 때까지, 응시생은 고사장을 퇴실할 수 없습니다. 특수한 사정으로 응시생이 시험 도중 퇴실할 경우 시험감독관의 동의를 구해야 합니다. 고사장을 떠나기 전에 수험표와 신분증을 시험감독관에게 맡겨야 하고 시험감독관은 응시생이 돌아온 다음 수험표와 신분증을 돌려줍니다.
5. 시험을 치르는 동안에는 정숙을 유지해야 합니다. 다른 응시생과 이야기를 주고받거나, 다른 응시생의 답을 봐서는 안 됩니다. 만약 문제가 있으면 손을 들어 시험감독관이 오기를 기다렸다가 작은 목소리로 질문을 해야 합니다.
6. 응시생은 반드시 시험감독관의 지시에 따르고, 시험 규정을 준수해야 합니다. 만약 응시생이 대리시험을 치거나, 부정행위 및 시험감독관의 지시를 듣지 않는 등의 행동을 할 경우 시험 성적은 취소됩니다.

둘째, 시험 주의 사항

1. 시험은 키보드와 마우스, 이어폰을 사용해 치르며 연습 용지는 발급하지 않습니다. 컴퓨터 및 기타 장비를 함부로 만지거나 다른 장비를 컴퓨터에 탈부착해서는 안 됩니다. 만약 응시생의 부주의로 컴퓨터 및 이어폰이 파손될 경우(예컨대 이어폰 선이 끊어진 경우), 응시생이 보상해야 합니다.
2. 이어폰의 음량을 잘 조절하시기 바랍니다. 문제가 있을 경우 시험감독관에게 문의하시기 바랍니다.
3. 시험 총 시간은 인터넷 기반 시험 시스템이 통제하며 컴퓨터 모니터에 남은 시간이 표시됩니다.
4. 시험 시작 1분 전에 시스템이 자동적으로 시험 모드로 변하며 응시생은 듣기 평가 항목의 내용을 볼 수는 있지만 문제를 풀 수는 없습니다.
5. HSK 3급, 4급, 5급의 단어 배열 문제는 마우스를 드래그하는 방식으로 풉니다. 시스템에 과부하가 걸리지 않도록 응시생은 너무 빈번하게 드래그해서는 안 됩니다.

③ 헤드셋 음량 체크

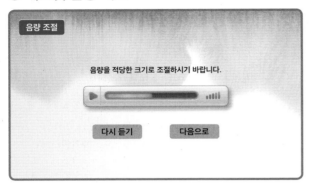

- 헤드셋 착용 후 출력여부 및
  음량 크기를 체크합니다.

- 작동 오류가 있을 시 조용히
  손을 들어 감독관에게 알립니다.

④ 시험 문제 다운로드

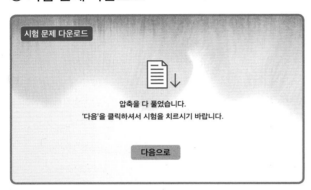

- 시험 문제는 자동으로 다운로드됩니다.

- [다음으로] 버튼을 클릭하면 '대기 화면'
  으로 전환됩니다.

⑤ 대기 화면

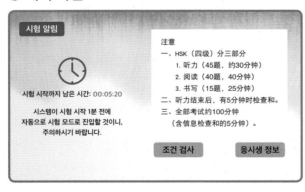

- 듣기 시험 시작 1분 전이 되면
  [대기 화면]에서 [듣기 영역]으로
  화면이 넘어가며, 1분간 '선택 문항'을
  볼 수만 있습니다.

⑥ HSK 4급 듣기 영역

[듣기 영역]

시험 내용	문항 수 (총 45문항)	시험 시간
제1부분	1~10번	약 35분 (답안 작성 시간 5분 포함)
제2부분	11~25번	
제3부분	26~45번	

- 답안 확인 시간이 추가로 5분간 주어지며,
  최종 체크하는 시간으로 활용합니다.

⑦ HSK 4급 독해 영역

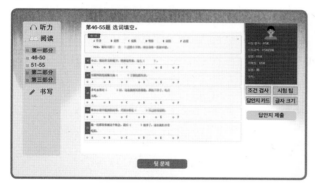

[독해 영역]

시험 내용	문항 수 (총 40문항)	시험 시간
제1부분	46~55번	약 40분
제2부분	56~65번	
제3부분	66~85번	

- 영역 내에서 자유롭게 이동이 가능합니다.

⑧ HSK 4급 쓰기 영역

[쓰기 영역]

시험 내용	문항 수 (총 15문항)	시험 시간
제1부분	86~95번	약 25분
제2부분	96~100번	

- 제1부분은 단어를 마우스로 드래그하여 답안을
  작성합니다.
- 'SOGOU 병음 입력기(拼音输入法)'로 작성합니다.
- 문장 맞춤법과 문장 부호 등을 쓰기 사용법에 맞
  추어 작성하며, 마침표는 '.', '。' 모두 사용 가능합
  니다.

> **중국어 입력 꿀팁**
>
> - 보통 컴퓨터 자판에서 `Alt` + `Shift` 키를 누르면 중국어 자판으로 변경되며, 컴퓨터 화면 하단 작업 표시줄의 오른쪽에서 마우스로도 변경 가능
> - [ü] 발음의 중국어를 입력할 때에는 알파벳 v를 입력해야 함
> - 중국어의 문장부호 '、'는 컴퓨터 자판 오른쪽 부분의 `W` 자판을 입력하면 됨
> - 입력 시 자동으로 상용 중국어가 하단에 표시되므로, 내가 입력하려는 글자가 맞는지 확인해야 함

⑨ 시험 종료 및 제출

시험 종료

휴대물품을 챙겨서 시험장에서 나가주시기 바랍니다.

- 시험 시간이 종료되고 답안지 제출 버튼을 누르면 시험이 종료되고 자동으로 답안 제출이 됩니다. 반드시 시험을 모두 끝내고 클릭합니다.

- 시험이 모두 종료되면, 감독관의 지시에 따라 조용히 퇴실합니다.

Final HSK 실전 모의고사 - 100% 활용법

시험 보기 한달 전

MON	TUE	WED	THU	FRI	SAT	SUN
1 듣기 제1부분 핵심 파악	2 듣기 제1부분 문제 풀기	3 듣기 제2·3부분 핵심 파악①	4 듣기 제2·3부분 핵심 파악②	5 듣기 제2·3부분 문제 풀기①	6 듣기 제2·3부분 문제 풀기②	7
8 독해 제1부분 핵심 파악	9 독해 제1부분 문제 풀기	10 독해 제2부분 핵심 파악	11 독해 제2부분 문제 풀기	12 독해 제3부분 핵심 파악	13 독해 제3부분 문제 풀기	14
15 쓰기 제1부분 핵심 파악①	16 쓰기 제1부분 핵심 파악②	17 쓰기 제1부분 문제 풀기	18 쓰기 제2부분 핵심 파악	19 쓰기 제2부분 문제 풀기	20 실전 모의고사 1회 풀기	21
22 실전 모의고사 1회 복습	23 실전 모의고사 2회 풀기	24 실전 모의고사 2회 복습	25 실전 모의고사 3회 풀기	26 실전 모의고사 3회 복습	27 전체 복습	fighting!! ★ D-DAY

시험 보기 보름 전

MON	TUE	WED	THU	FRI	SAT	SUN
1 듣기 제1부분 핵심 파악 문제 풀기	2 듣기 제2·3부분 핵심 파악 문제 풀기	3 듣기 제2·3부분 핵심 파악 문제 풀기	4 독해 제1부분 핵심 파악 문제 풀기	5 독해 제2부분 핵심 파악 문제 풀기	6 독해 제3부분 핵심 파악 문제 풀기	7
8 쓰기 제1부분 핵심 파악 문제 풀기	9 쓰기 제2부분 핵심 파악 문제 풀기	10 실전 모의고사 1회 풀기 복습	11 실전 모의고사 2회 풀기 복습	12 실전 모의고사 3회 풀기 복습	13 전체 복습	fighting!! ★ D-DAY

17

PART

1

HSK 4급
영역별 훈련

해설 PDF 다운로드

1. 듣기 🎧

듣기 문제는 모두 1번씩만 들려 주는데, 총 45문제이다. 응시자는 시간 확인을 잘 해서, 다음 문제의 녹음을 놓치지 않도록 해야 한다. 문제를 풀 때는 아래와 같이 풀자.

① 녹음이 시작되기 전에 문제의 정보를 먼저 파악해야 하는데, 예를 들면 미리 준비된 A · B · C · D 네 개 보기의 내용을 이해하는 것이다.

② 녹음을 듣는 과정에서 문제의 정보와 녹음의 정보를 연계시켜 생각해야 하는데, 이 둘의 정보를 놓치거나 헷갈리지 않도록 해야 한다.

③ 듣고 미처 이해하지 못한 내용이 있더라도, 생각에 빠져 시간을 버리면 안 되고 녹음을 따라 계속해서 문제를 풀어나가야 한다.

제1부분) 일치 여부 판단하기

1 문제풀이 가이드

실제 HSK 시험에서 듣기 제1부분은 모두 10문제로, 1번부터 10번까지이다. 제1부분의 시험 문제는 녹음으로 제시되는데, 바로 한 사람이 하나의 문장이나 단문을 말하는 형식이다. 응시자는 녹음에서 들리는 이 문장이나 단문에 근거해 시험지에 나와 있는 문제와의 일치 여부를 판단하게 되는데, 일치하면 ✓ 표시를, 불일치하면 ✗ 표시를 하면 된다. 가능한 한 시험지에 제시되어 있는 열 개의 문장을 모두 빠르고 정확하게 미리 본다면 더욱 좋다.

→ 예를 들어 2번 문제의 경우, 이러한 문장을 듣게 된다:

我想去办个信用卡，今天下午你有时间吗？陪我去一趟银行？

문제지에 주어진 2번 문제 문장은 아래와 같다:

2. ★ 他打算下午去银行。 (   )

응시자는 듣게 되는 위의 녹음 문장에 근거해, 제시된 문제 문장의 일치 여부를 판단하면 된다.

듣기 제1부분의 답을 찾는 연습을 할 때, 중요한 것은 다음과 같다:

❶ 먼저 제시된 문제 문장의 내용을 읽고, 핵심 정보를 찾아낸다.

❷ 녹음을 들으면서 문제의 정보에 근거한 핵심 정보를 중점적으로 찾아본다.

❸ 녹음 중 부사·접속사 등의 단어에 유의한다. 이것들이 있는 문장에 답이 있을 가능성이 높다.

Tip

일치 여부를 판단하는 문제는 HSK 4급 듣기의 제1부분으로, 1번부터 10번에 해당한다. 이 부분의 문제는 하나의 문장이나 단문을 듣고 문장의 일치 여부를 판단하는 형식이다. 모든 녹음은 한 번씩 들려준다. 3급과 비교하면 4급의 일치 여부 판단 문제는 녹음이 약간 긴 편이고, 녹음의 내용만을 듣고 바로 판단이 되는 것이 아니라 다시 한번 생각해 판단해야 하는 경우도 있다. 또한 비교문 등 복잡한 문장 유형의 변화까지 언급되기도 한다.

듣기 제1부분에 주로 언급되는 주제는 아래의 12가지 정도로 나뉜다.

① 숫자 표현: 시간, 수량의 많고 적음

② 일상생활: 친족 관계, 주택 임차, 홈퍼니싱(집 꾸미기), 주말 활동, 약속, 결혼 등

③ 학교생활: 수업, 교실, 커리큘럼(교과과정), 교사, 학생, 유학, 시험, 성적, 숙제, 특별활동 등

④ 직장과 업무: 직업, 취업, 채용지원, 인재 영입, 출퇴근, 야근, 휴가, 사직, 동료관계, 모임, 회사행사, 급여, 보너스(상여금) 등

⑤ 음식과 식사: 음식 이름, 주문, 맛 등

⑥ 교통 및 외출: 교통수단 탑승, 표 구매, 차 기다림, 방향, 차 막힘, 출발, 도착 등

⑦ 날씨 상황: 일기예보, 기온변화, 강우·강설 등

⑧ 물건의 구매: 상품 디자인(모양), 크기, 색깔, 두께, 현금, 카드 결제 등

⑨ 스포츠(체육)와 운동: 운동 종목, 경기, 훈련, 스포츠 정신 등

⑩ 의료와 건강: 질병, 증상, 진료, 검진(검사), 건강관념 등

⑪ 문화와 명절: 전통 명절, 풍속습관(풍습) / 국민의 삶: 국민 생활 / 축하 방식: 경축 방법 등

⑫ 감정과 태도: 슬픔, 즐거움, 반대, 지지, 소극적, 적극적, 신념 등

2 문제풀이 테크닉

1. 먼저 제시된 문제 문장의 주어, 술어, 목적어 등 주요 정보를 표시해 놓는다. 동사, 명사, 대명사, 수량사 등의 핵심 단어를 확인하고 문장의 의미를 파악해둔다. 듣기 녹음이 시작되면, 제시된 문제 문장의 핵심 정보와 녹음의 내용이 일치하는지 대조해 보고, 녹음에서 들은 내용에 근거해 일치 여부를 판단한다.

예제 1

身为导游，我们的工作是让顾客对我们安排的行程感到满意，让顾客对他们所游览的地方留下深刻的印象。	가이드로서 우리의 일은 고객이 우리의 일정에 만족하게 하고, 고객이 구경했던 장소에 대해 좋은 인상을 남기게 하는 것이다.
★ 他是一名导游。　　（　　）	★ 그는 가이드다.

해설　정답은 ✓이다.
먼저 제시된 문제 문장의 주요 정보인 '导游'를 표시해 놓는다. 녹음에서 들린 '身为导游'의 '身为'는 '~으로서'의 뜻이며 '导游'는 명사이다.

예제 2

你好，我想理个发，稍微短一点儿就可以。一会儿我还有些事要办，所以麻烦你快点儿。	안녕하세요? 제가 이발을 하고 싶은데, 약간 좀 짧으면 됩니다. 잠시 후에 제가 해야 할 일이 있으니, 죄송하지만 좀 빨리 해 주세요.
★ 他在理发店。　　（　　）	★ 그는 미용실(이발소)에 있다.

해설　정답은 ✓이다.
녹음의 주요 정보인 '理个发'에 근거해, 그가 '미용실(理发店)'에 있다는 것을 알 수 있다.

2. 같은 의미를 나타내는 다른 표현 형식에 주의한다. 녹음에서 어떤 정보 혹은 답안의 의미가 같더라도 표현 형식은 다를 수 있는데, 예를 들어 유사어, 서면어/구어(글말/입말), 다른 문장 구조 등이 사용될 수 있다. 어떤 문제는 간단한 유추를 한 뒤 선택해야 하는 경우도 있다.

예제 1

乘客您好，我们很抱歉地通知您，由于天气原因，您乘坐的CA1864航班推迟起飞。	승객여러분, 안녕하세요? 송구한 말씀 전해 드립니다. 날씨 원인으로 인하여, 탑승하실 CA1864 항공편은 이륙이 연기되었습니다.
★ 飞机还没起飞。　　（　　）	★ 비행기는 아직 이륙하지 않았다.

해설 정답은 ✓이다.
먼저 제시된 문제 문장의 주요 정보인 '还没起飞'에 표시를 해 놓는다. 키워드인 '没'는 부정을 나타낸다. 녹음의 '您乘坐的CA1864航班推迟起飞'는 이륙 시간이 연기되었음을 의미하므로, 비행기는 아직 이륙하지 않은 것이다. 두 문장의 의미가 일치한다.

예제 2

新的学期开始了，我的中级汉语老师让我们写一篇关于暑假的感受的文章，那时候除了我以外，别的同学都认真写了。	새로운 학기가 시작되어, 나의 중급중국어 선생님께서는 우리에게 여름방학의 체험에 관련된 글 한 편을 쓰라고 하셨다. 그때 나를 제외하고, 다른 학우들은 모두 열심히 썼다.
★ 我没有认真写文章。　　（　　）	★ 나는 열심히 글을 쓰지 못했다.

해설 정답은 ✓이다.
먼저 제시된 문제 문장의 주요 정보인 '没有'를 표시해 놓는다. '没有'는 부정을 의미한다. 녹음 중 '那时候除了我以外，别的同学都认真写了'에서의 '除了我以外'는 '나(我)'는 열심히 쓰지 않았음을 설명하기 때문에, 제시된 문제의 문장과 의미가 일치한다. 이 문제는 '除了…以外，都…'의 구조를 아는지 확인하는 문제이다.

3. 녹음 속의 부사, 접속사, 개사 등에 주의한다. 이 단어들이 있는 문장에 답이 있을 가능성이 크기 때문이다. 자주 출제되는 다음의 단어를 확인하자. 이 단어들이 있는 문장 내용이 정답에 영향을 끼치기 때문에 주의해 들어야 한다.

Tip

자주 출제되는 단어

虽然 비록 ~일지라도 ｜ 但是 그러나 ｜ 然而 그렇지만 ｜ 不但 ~뿐만 아니라 ｜ 还 아직 ｜ 而且 게다가 ｜ 因为 ~때문에 ｜ 所以 그래서 ｜ 更 더욱 ｜ 太 너무 ｜ 就 바로, 곧 ｜ 才 이제야, ~에야 ｜ 刚刚 막 ｜ 再 재차, 또 ｜ 又 또, 다시 ｜ 也 ~도 ｜ 几乎 거의 ｜ 都 모두 ｜ 却 오히려 ｜ 正在 ~하는 중이다 ｜ 在 ~하고 있다 ｜ 不用 필요 없다 ｜ 没 ~없다 ｜ 一定 반드시 ｜ 不过 그러나 ｜ 本来 본래 ｜ 并 아울러 ｜ 竟然 결국/의외로 ｜ 恐怕 아마 ~일 것이다/대략 ｜ 也许 아마도 ｜ 尤其 특히 ｜ 往往 종종 ｜ 除了 ~을 제외하고 ｜ 为了 ~위하여 ｜ 或者 혹은 ｜ 还是 아니면 ｜ 对于 ~에 대해서 ｜ 为 ~이 되다

昨天的面试，小王给经理留下了非常好的印象：有礼貌，有自信，有能力。经理几乎没发现他有什么缺点。	어제의 면접시험에서, 샤오왕은 사장에게 아주 좋은 인상을 남겼는데, 예의있고, 자신감 있으며, 능력이 있다는 인상이다. 사장은 그의 어떠한 결점도 거의 발견하지 못했다.
★ 经理发现了小王的一些缺点。 （　　　）	★ 사장은 샤오왕의 결점을 좀 발견했다.

해설   정답은 ✕이다.
녹음의 맨 마지막 문장인 '经理几乎没发现他有什么缺点'의 '几乎没发现'과 제시된 문제 문장 속 '经理发现了…'의 의미가 다르므로 일치하지 않는다.

那是在我小的时候，因为家里姐妹多，父母都在外边工作，因此，家里的杂务事，包括洗衣服、扫地、煮三餐等等，都由我们几个姐妹做，我们经常为了些芝麻小事争吵。	그것은 내가 어렸을 때, 우리 집에 여자 형제가 많기 때문에 부모님이 모두 밖으로 일을 나가시면, 집안의 잡일들, 옷 세탁·청소·세끼 밥 짓기 등등을 모두 우리 몇 명의 자매들이 하게 됐고, 우리는 늘 별것도 아닌 일로 싸우곤 했다.
★ 她们小时候不做家务。（　　　）	★ 그녀들은 어렸을 때 집안일을 안 했다.

해설   정답은 ✕이다.
접속사 '因此' 뒤에는 결과나 사실인 내용이 온다. 녹음 중 '因此，家里的杂务事…都由我们几个姐妹做'에서 그녀들이 어릴 때 집안일을 하기 시작했음을 알 수 있다. 따라서 제시된 문제 문장과 의미가 다르므로 일치하지 않는다.

4. 위에서 제시된 유의사항 중에서도 특히 부정을 나타내는 단어가 문제에 있거나 녹음 내용에 들린다면, 반드시 다시 한번 생각해 봐야 한다. 부정을 나타내는 부사와 접속사 등은 반드시 숙지하여 체크해 두고 녹음에서 알아들을 수 있도록 한다.

3 연습문제 30문항

듣기 제1부분 연습문제를 문제풀이 가이드와 테크닉을 잘 숙지하여 집중해 풀어 보자. 한 번에 풀기보다는 실제 시험처럼 10문항씩 3회차로 나누어 풀 것을 권장한다.

第1—30题：判断对错。

1. ★ 他是一名导游。　　　　　　　　　　　（　　　）

2. ★ 他们的饭馆儿生意很好。　　　　　　　（　　　）

3. ★ 他们的看法不一样。　　　　　　　　　（　　　）

4. ★ 现在是晚上。　　　　　　　　　　　　（　　　）

5. ★ 父母可以替你决定任何事情。　　　　　（　　　）

6. ★ 他觉得每个人都应该保护环境。　　　　（　　　）

7. ★ 他不喜欢去西安。　　　　　　　　　　（　　　）

8. ★ 他没有认真写文章。　　　　　　　　　（　　　）

9. ★ 她们小时候不做家务。　　　　　　　　（　　　）

10. ★ 他常常学习到很晚。　　　　　　　　　（　　　）

11. ★ 花粉过敏导致他咳嗽。　　　　　　　　（　　　）

12. ★ 公司的项目没有谈成。　　　　　　　　（　　　）

13. ★ 螨虫用眼睛可以看见。　　　　　　　　（　　　）

14. ★ 使用电热毯应小心。　　　　　　　　　（　　　）

15. ★ 出境游不受欢迎。　　　　　　　　　　（　　　）

16. ★ 只有小孩子才吃零食。 （　　　）

17. ★ 成功需要有理想和追求。 （　　　）

18. ★ 喝水不会导致生病。 （　　　）

19. ★ 晨练后睡觉对老人身体不好。 （　　　）

20. ★ 苹果是最好的水果。 （　　　）

21. ★ 这里没有高楼。 （　　　）

22. ★ 这款车价格比较合适。 （　　　）

23. ★ 微笑是一种病。 （　　　）

24. ★ 他们要买地下停车位。 （　　　）

25. ★ 晨跑花钱太多。 （　　　）

26. ★ 粥体现了中国饮食文化。 （　　　）

27. ★ 睡眠对人体很重要。 （　　　）

28. ★ 解决问题的方法都很复杂。 （　　　）

29. ★ 学习网球需要坚持。 （　　　）

30. ★ 广告一点儿用处也没有。 （　　　）

정답과 듣기 스크립트는 부록에서 확인할 수 있습니다.
해설은 해설집 PDF 2p에 있습니다.

1 문제풀이 가이드

실제 HSK 시험에서 듣기 제2·3부분은 모두 35문제로, 11번부터 45번까지이다. 이 부분의 시험 문제는 두 사람의 길고 짧은 대화가 나오거나 짧은 단락의 말이 나오고, 제3자(또 다른 사람)가 녹음에 나왔던 대화에 근거해 문제를 내는 형식이다. 응시자는 이 문제에 대한 답으로, 시험지에 나와 있는 네 개의 보기 중 가장 적절한 하나를 선택해야 한다.

→ 예를 들어 11번 문제의 경우, 응시자는 이러한 대화를 듣게 된다:

女：该加油了，去机场的路上有加油站吗？

男：有，你放心吧。

问：男的主要是什么意思？

응시자는 문제지에서 A·B·C·D 네 개의 보기를 보게 될 것이다. 응시자는 가장 적절한 답안을 선택해 답안지의 상응하는 알파벳에 표기한다.

이 부분의 답을 찾는 연습을 할 때 중요한 것은 다음과 같다:

❶ 먼저 보기 A·B·C·D의 내용을 읽어 화자(말하는 이)의 대화 주제를 파악한다.

❷ 녹음을 들을 때, 대화 중 대답하는 쪽의 말에 집중한다.

❸ 녹음 중 시간이나 장소와 같은 핵심 정보를 듣게 된다면 잊지 않도록 가능한 한 적어두면 좋다. 이러한 것들이 자주 문제의 정답이 될 수 있다.

Tip

실제 HSK 시험에서 듣기의 제2·3부분은 녹음을 듣고 보기에서 답을 고르는 문제이다. 이 중 11번부터 25번까지는 짧은 대화로 구성되며 보통 남녀가 한 번의 대화를 진행하고, 26번부터 35번까지는 비교적 긴 대화로 구성되며 남녀가 두 번의 대화를 진행한다. 36번부터 45번까지는 짧은 단락의 말을 듣고 두 개의 문제에 답하는 형식이다.

질문의 형식은 대략 아래의 몇 가지가 있다.

① …在做什么？

② …可能在哪里／从哪里来／到哪里去？

③ …怎么了？

④ …是谁？

⑤ …什么时候／几点了？ (시간을 물음)

⑥ …花了多少钱？

⑦ …什么意思？

⑧ …觉得怎么样？ (태도와 감정을 물음)

⑨ …是做什么的？ (직업과 업무를 물음)

⑩ 为什么…？ (원인을 물음)

⑪ 哪个…正确／错误？

2 문제풀이 테크닉

듣기 제1부분에서 언급했던 세 가지 문제풀이 방법 외에도 다음과 같은 방법이 있다.

1. 짧은 대화 문제에서는 특히 두 번째로 말하는 사람의 대답에 유의해야 한다. 긴 대화 문제라면 두 번째로 돌아오는 대화의 내용에 집중한다. 짧은 단락을 듣고 문제 두 개를 풀어야 하는 유형에서는 첫 번째와 마지막 문장에 주의한다. 이러한 핵심 문장들은 정확한 답을 선택하는 데 비교적 중요한 역할을 한다.

예제 1

女：这本小说讲了一个爱情故事，很浪漫，让人特别感动。 男：你们女孩子就是喜欢看这种小说。 问：他们在谈论什么？	여: 이 소설은 사랑에 관한 이야기인데 아주 낭만적이야. 사람을 정말 감동시켜. 남: 너희 여자애들은 참 이런 소설 보는 걸 좋아하는구나. 질문: 그들은 무엇을 이야기하고 있나요?
A 将来　　　　　B 理想 C 小说　　　　　D 职业	A 미래　　　　　B 꿈 C 소설　　　　　D 직업

해설　정답은 C이다.
키워드는 '小说'이다. 그들은 소설에 대해 이야기하고 있으며, 두 번째로 말하는 사람의 말에 힌트가 있다.

예제 2

男：你钱包找回来了吗？我所小李说你钱包丢了。 女：是丢了，不过幸运的是，又找到了。 男：真的吗？太幸运了！怎么找到的？ 女：我忘在出租车上了，司机根据我钱包里的身份证找到了我，我真是太幸运了！ 问：女的的钱包丢在哪儿了？	남: 당신 지갑 찾아왔나요? 샤오리 말로는 당신이 지갑을 잃어버렸다던데. 여: 잃어버렸어요, 그런데 운 좋게도, 다시 찾았어요. 남: 정말이요? 정말 운이 좋네요! 어떻게 찾았어요? 여: 택시에서 잃어버렸는데, 기사님이 지갑 안의 제 신분증을 보고 절 찾으셨어요, 전 정말 운이 좋아요! 질문: 여자의 지갑은 어디서 잃어버렸나요?
A 出租车上　　　B 公交车上 C 公司　　　　　D 派出所	A 택시에서　　　B 버스에서 C 회사　　　　　D 파출소

해설　정답은 A이다.
두 번째 대화에서 '我忘在出租车上了'라고 했으므로 보기 A가 정답이고, 이 문제는 긴 대화 유형으로 두 번째로 돌아오는 대화의 대답에 힌트가 있었다.

예제 3

有一个人很喜欢抽烟。当家人反对时，他总是说："我工作压力大，让我放松一会儿吧。"一天，他进门时发现儿子正坐在沙发上抽烟呢。他很生气，大声说："你怎么可以抽烟呢？"儿子回答："我学习压力大，让我放松一会儿吧。" 问：关于那个人，可以知道他喜欢做什么？	담배 피우기를 아주 좋아하는 사람이 있었다. 가족들이 반대할 때, 그는 늘 "나는 업무 스트레스가 너무 많아, 날 잠시라도 편하게 해 줘."라고 말했다. 어느 날, 그가 들어왔을 때, 아들이 소파에서 담배를 피우고 있는 것을 발견했다. 그는 매우 화가 나 큰 소리로 "네가 어떻게 담배를 피울 수가 있어?"라고 말했다. 아들은 "저는 학업 스트레스가 너무 많아요, 저를 잠시라도 편하게 해 주세요."라고 대답했다. 질문: 그 사람에 관하여, 그가 무엇을 좋아하는지 알 수 있나요?
A 喝酒　　　　　B 抽烟 C 踢足球　　　　D 说假话	A 음주　　　　　B 흡연 C 축구하기　　　 D 거짓말하기

해설　정답은 B이다.

첫 번째 문장인 '有一个人很喜欢抽烟'으로 보기 B가 정답이며, 짧은 단락의 지문이 등장하는 문제에서는 첫 번째와 마지막 문장에 유의해야 한다.

2. 소거법으로 정답을 찾는다. 만약 A·B·C·D 네 가지 제시된 보기 중 어떤 것이 틀린 것인지 확실히 알 수 있다면, 먼저 틀린 보기를 제거해 놓고 남은 보기 중 정답을 선택한다. 만약 제시된 보기 중 두 가지 보기의 의미가 같거나 비슷하다면, 이러한 보기들은 일반적으로 정답이 될 수 없기 때문에 바로 선을 그어 표시해도 된다. 그런 후에 남은 답안 중 정답을 고르도록 한다.

예제 1

男：这是给你的生日礼物，我选了很久，不知道你喜欢不喜欢。 女：啊，是我一直想买的书！我很喜欢！ 男：真的吗？没有什么比你喜欢这件礼物更重要的啦！ 女：太谢谢你了！ 问：女的对这本书是什么态度？	남：이건 네게 주는 생일선물이야, 내가 한참 고른 건데, 네 맘에 들지 모르겠어. 여：아, 내가 계속 사고싶었던 책이잖아! 너무 좋아! 남：정말? 어떤 것도 네가 이 선물을 좋아하는 것 만큼 중요하지 않을걸! 여：너무 고마워! 질문: 여자는 이 책에 대해 어떤 태도인가?
A 不喜欢　　　　B 不想要 C 一直想要　　　D 没感觉	A 싫어한다　　　 B 원치 않는다 C 계속 원했다　　 D 아무 느낌 없다

해설　정답은 C이다.

보기 A와 D는 의미가 비슷하기 때문에 정답이 될 수 없다. 이것들을 먼저 제외해 놓고 보기 B·C에 주의해 듣는다. 녹음 중의 '是我一直想买的书'와 '我很喜欢'이 여자가 이 책을 좋아한다는 것을 설명하고 있다. '一直想买'가 원한다는 의미이기 때문에 C가 정답이 된다.

女：危险！你开得太快了！	여: 위험해요! 당신 운전을 너무 빨리하네요!
男：好吧，好吧，我开慢点儿。	남: 알았어요, 알았어, 좀 천천히 할게요.
女：你现在把车停下，我来开，我真受不了你了。	여: 당신 지금 차를 멈추세요, 내가 운전할래요, 정말 당신을 못 견디겠어요.
男：你干什么呀？你不是也刚学会几天吗？	남: 당신 뭐라고 했어요? 당신 막 운전 배운 지 며칠 되지 않았잖아요?
女：至少比你开得慢。	여: 적어도 당신보다는 느리게 하겠죠.
问：通过对话，可以知道什么？	질문: 대화를 통해, 알 수 있는 것은 무엇인가요?
A 撞车了	A 차가 부딪쳤다
B 车速太慢	B 차의 속도가 너무 느리다
C 他们是记者	C 그들은 기자이다
D 女的很小心	D 여자는 매우 조심한다

해설　정답은 D이다.

첫 번째 문장 '危险！你开得太快了！'에서 '车速太慢'이 틀렸다는 걸 알 수 있다. 따라서 B를 먼저 제거한다. A·C는 녹음 중 언급되지 않았으므로 이들 또한 제거한다. 여자가 남자의 운전 속도가 너무 빠른 것을 걱정해 위험하다고 하면서 자신이 운전을 하겠다고 하는 것은, 자신이 남자보다 천천히 운전하기 때문이다. 따라서 보기 D가 정답임을 알 수 있다.

3. 듣기 제2·3부분에서 가장 중요한 것은 바로 보기로 나온 A·B·C·D의 단어나 구를 미리 보고 파악해두는 것이다. 녹음이 나오는 동안 이 네 가지 보기를 잘 살피고, 만약 보기에 해당하는 단어나 구가 들렸다면 문제지에 표기해놓는 것이 정답을 찾는 데 도움이 될 것이다.

3 | 연습문제 105문항

제2·3부분 연습문제를 문제풀이 가이드와 테크닉을 잘 숙지하여 집중해 풀어 보자. 한 번에 풀기보다는 실제 시험처럼 제2부분 15문항, 제3부분 10문항씩 3회차로 나누어 풀 것을 권장한다.

第1—105题：请选出正确答案。

短对话1—45题。

1. A 不看电视　　　B 会看寻猫启事　　C 丢了　　　　　D 没用了

2. A 发大水了　　　B 发大水最严重　　C 没有发大水　　D 常常发大水

3. A 春天　　　　　B 夏天　　　　　　C 秋天　　　　　D 冬天

4. A 五块　　　　　B 六块　　　　　　C 十二块　　　　D 三块

5. A 大学毕业以后　B 高中毕业以后　　C 一年以前　　　D 两年

6. A 找工作　　　　B 说普通话　　　　C 说日本语　　　D 介绍自己

7. A 饭馆　　　　　B 学校　　　　　　C 公司　　　　　D 医院

8. A 父女　　　　　B 母女　　　　　　C 朋友　　　　　D 兄妹

9. A 报纸　　　　　B 杂志　　　　　　C 电视　　　　　D 书

10. A 爸爸和妈妈　　B 妈妈和姥姥　　　C 爷爷和奶奶　　D 爸爸和奶奶

11. A 男的没有手   B 男的应该自己去拿

     C 她会帮男的拿   D 没有饼干了

12. A 刚认识   B 不认识   C 以前认识   D 一直认识

13. A 已经获得了   B 没有获得   C 以后会获得   D 不可能获得

14. A 不喜欢这份工作   B 完成工作了   C 非常累   D 不喜欢男的

15. A 商店   B 饭馆   C 照相馆   D 理发店

16. A 7：40   B 9：00   C 9：20   D 10：20

17. A 400块   B 600块   C 800块   D 1000块

18. A 四年前   B 三年前   C 两年前   D 一年前

19. A 买衣服   B 爬山   C 游泳   D 跳伞

20. A 很累   B 工资不高   C 较轻松   D 不满意

21. A 长城   B 故宫   C 高速公路   D 香山

22. A 准备面试   B 准备考试   C 应聘公司   D 在家休息

23. A 买手机   B 换手机   C 卖手机   D 修手机

24. A 不够帅   B 很无聊   C 离过婚   D 工资低

25. A 五个小时   B 六个小时   C 七个小时   D 八个小时

26. A 不美观   B 价格高   C 不方便   D 有污染

27. A 上个月   B 下个月   C 去年   D 明年

28. A 明天有时间   B 明天天气好   C 明天商品便宜 D 明天商品丰富

29. A 过生日   B 招待亲戚   C 唱歌   D 做饭

30. A 广播员   B 天气预报员   C 主持人   D 球员

31. A 车坏了   B 忘带公交卡了 C 不用去面试了 D 公司有工作

32. A 他马上打扫   B 他忘了打扫   C 应该女的做饭 D 应该女的打扫

33. A 春天   B 夏天   C 秋天   D 冬天

34. A 再等等　　　B 去小李家　　　C 给小李打电话　　　D 自己先出发

35. A 今天　　　　B 明天　　　　　C 后天　　　　　　D 大后天

36. A 太严厉　　　B 很公平　　　　C 不公正　　　　　D 太轻微

37. A 水果　　　　B 零食　　　　　C 信纸　　　　　　D 杯子

38. A 上海　　　　B 香港　　　　　C 北京　　　　　　D 东京

39. A 同事　　　　B 母子　　　　　C 朋友　　　　　　D 恋人

40. A 一楼　　　　B 二楼　　　　　C 十楼　　　　　　D 十二楼

41. A 还有房间　　B 位置很好　　　C 必须预订　　　　D 价格便宜

42. A 元宵　　　　B 粽子　　　　　C 包子　　　　　　D 饺子

43. A 太贵了　　　B 太远了　　　　C 太脏了　　　　　D 太吵了

44. A 一个月　　　B 两个月　　　　C 十个月　　　　　D 十一个月

45. A 缺少营养　　B 缺少阳光　　　C 缺少水分　　　　D 缺少土壤

长对话46—75题。

46. A 男的不喜欢这本书   B 男的把书送给女的了
  C 女的得去买书   D 女的不用买书

47. A 朋友   B 亲戚   C 同学   D 同事

48. A 8月1号 B 8月21号 C 8月20号 D 8月10号

49. A 500   B 200   C 300   D 800

50. A 看电视了 B 看视频了 C 看现场演出了 D 看比赛了

51. A 公共汽车上 B 家里   C 地铁上   D 厨房里

52. A 她住的地方环境不好   B 她想换新的工作
  C 她和家人关系不好   D 她恋爱和工作不顺利

53. A 医院病房 B 商店里   C 家里   D 监狱里

54. A 同事   B 同学   C 亲戚   D 恋人

55. A 马上   B 后天   C 几天以后   D 明天

56. A 东边   B 南边   C 西边   D 北边

57. A 网上预约   B 现场挂号   C 现场预约   D 电话预约

58. A 来学校   B 找老师   C 送资料   D 写论文

59. A 不去游泳   B 不想学游泳   C 游泳很容易   D 学过多次游泳

60. A 车坏了   B 出发晚了   C 坐过站了   D 坐错车了

61. A 学生   B 教师   C 演员   D 司机

62. A 春装   B 夏装   C 秋装   D 冬装

63. A 物理   B 建筑   C 设计   D 文学

64. A 9：30   B 9：45   C 10：00   D 10：15

65. A 休息   B 回家了   C 去旅行了   D 一直工作

66. A 写作业了　　　　B 买车票了　　　　C 看球赛了　　　　D 听音乐了

67. A 飞机晚点了　　　B 开会时间推迟了　C 开会地点改变　　D 在北京开会

68. A 参加晚会　　　　B 和人吃饭　　　　C 听音乐会　　　　D 练习表演

69. A 生病了　　　　　B 项目有问题　　　C 工作太累了　　　D 父亲住院了

70. A 办公室　　　　　B 教室　　　　　　C 派出所　　　　　D 机场

71. A 看电影　　　　　B 学习　　　　　　C 工作　　　　　　D 参加聚会

72. A 出发晚了　　　　B 绕路了　　　　　C 车坏了　　　　　D 停车难

73. A 100cm　　　　　B 110cm　　　　　C 120cm　　　　　D 130cm

74. A 被骚扰了　　　　B 手机坏了　　　　C 不能接电话了　　D 记忆变差了

75. A 7：00　　　　　B 7：30　　　　　C 8：00　　　　　D 8：30

段落76—105题。

76. A 声音　　　　　　B 信号　　　　　　C 文字　　　　　　D 手势

77. A 好听　　　　　　B 是自然之音　　　C 不好听　　　　　D 不是人为制造的

78. A 要学习对方的优点　　　　　　B 有的朋友性格相近
　　 C 有的朋友性格不同　　　　　　D 有一定标准

79. A 钱财　　　　　　B 事业　　　　　　C 身份　　　　　　D 互相学习

80. A 北京　　　　　　B 哈尔滨　　　　　C 武汉　　　　　　D 天津

81. A 现在不着急准备厚衣服　　　　B 马上寄过来厚衣服
　　 C 他有厚衣服　　　　　　　　　D 他一会儿再打电话

82. A 一年　　　　　　B 两年　　　　　　C 三年　　　　　　D 四年

83. A 一件　　　　　　B 两件　　　　　　C 三件　　　　　　D 四件

84. A 同事　　　　　　B 同学　　　　　　C 师生　　　　　　D 父子

85. A 运动　　　　　　B 旅行　　　　　　C 听音乐　　　　　D 美食

86. A 不合适　　　　B 很正确　　　　C 要执行　　　　D 要记住

87. A 没能力的　　　B 学历太低的　　C 人品不好的　　D 观念不同的

88. A 煮汤　　　　　B 熬粥　　　　　C 煮药　　　　　D 煮茶

89. A 更有营养　　　B 操作方便　　　C 干净卫生　　　D 外形美观

90. A 爱看书　　　　B 爱运动　　　　C 有同情心　　　D 有创造力

91. A 放松精神　　　B 增强创造力　　C 改变思考方式　D 增强身体素质

92. A 早上四点　　　B 早上四点半　　C 早上五点　　　D 早上六点半

93. A 气温太低　　　　　　　　　　　B 空气中污染物多
    C 天色太暗　　　　　　　　　　　D 周围人少

94. A 2个小时　　　B 3个小时　　　C 4个小时　　　D 5个小时

95. A 饮食　　　　　B 运动　　　　　C 学习　　　　　D 睡眠

96. A 幽默　　　　　B 马虎　　　　　C 胆大　　　　　D 勇敢

97. A 制止　　　　　B 反对　　　　　C 拒绝　　　　　D 学习

98. A 2 年　　　　　B 3 年　　　　　C 4 年　　　　　D 5 年

99. A 2 杯　　　　　B 3 杯　　　　　C 4 杯　　　　　D 5 杯

100. A 水中慢跑　　 B 水中快跑　　 C 陆地慢跑　　 D 陆地快跑

101. A 消耗脂肪　　 B 不易受伤　　 C 锻炼下肢　　 D 减小负担

102. A 立冬　　　　　B 九月　　　　　C 小雪　　　　　D 十一月

103. A 0　　　　　　B 5　　　　　　C 10　　　　　　D 15

104. A 质量　　　　　B 价格　　　　　C 睡眠时间　　 D 睡觉姿势

105. A 枕高为一拳　 B 不用枕头　　 C 稍硬一点儿　 D 稍矮一点儿

정답과 듣기 스크립트는 부록에서 확인할 수 있습니다.
해설은 해설집 PDF 9p에 있습니다.

memo

2. 독해 📖

독해 부분은 제1,2,3부분으로 이루어져 있으며, 총 40문제이다. 응시자는 시간 확인을 잘 해서, 해당 시간 안에 모든 문제를 풀 수 있도록 해야 한다. 문제를 풀 때는 아래와 같이 풀도록 하자.

① 독해 제1부분은 보기에 제시된 단어를 적절한 문맥 안에 넣는 유형으로, 이 부분에서 가장 중요한 것은 보기로 제시된 단어의 의미와 품사를 파악하는 것이다.

② 독해 제2부분은 제시된 A·B·C에 해당하는 단문을 중국어 어순에 맞게 배열하는 유형으로, 이 부분에서는 접속사의 연용, 대명사 등을 활용해 문장들의 어순을 파악하는 것이 중요하다. 따라서 접속사의 연용을 최대한 많이 알아두는 것이 좋다.

③ 독해 제3부분은 제시된 지문에 대한 알맞은 대답을 A·B·C·D 네 가지 보기 중에 고르는 유형으로, 이 부분에서는 우선 질문을 먼저 확인하고 보기를 파악하는 것이 중요하다.

제1부분) 단어를 선택해 빈칸 채우기

1 문제풀이 가이드

독해 제1부분은 보기에서 적절한 단어를 선택해 문장의 빈칸을 채우는 유형으로, 실제 HSK 시험에서 이 부분은 모두 10문제이다. 이 부분의 10문제 중 앞의 5문제는 한두 개의 완정한 문장, 뒤의 5문제는 짧은 대화로 이루어져 있다. 문제에는 하나의 빈칸이 있고, 응시자는 상단에 제시된 5개의 보기 중 제시문의 빈칸을 채울 가장 알맞은 단어를 선택해 답안지에 알파벳에 표기해야 한다.

→ 예를 들어 46번 문제를 살펴보자:

她每天都（　　　　）走路上下班，所以身体一直很不错。

46번에 대한 보기는 [A 躺　B 内　C 通过　D 坚持　E 基础]이다. 문장의 의미에 따르면 보기 중 '坚持'가 가장 적합한 단어이므로 보기 D를 선택한다.

독해 제1부분의 답을 찾는 연습을 할 때 중요한 것은 다음과 같다:

❶ 먼저 보기에 제시된 단어들의 의미와 품사까지 빠르게 파악한다.

❷ 문제로 제시된 문장의 괄호 앞·뒤를 살펴, 괄호 안에 어떤 품사와 성분이 들어가야 하는지 파악한다.

❸ 품사와 문장성분으로 정답이 찾아지지 않는 경우에, 전체 문장을 해석하여 적합한 단어를 선택한다.

❹ 이 부분의 문제는 중국어 단어의 이해와 활용능력을 집중적으로 훈련할 수 있게 해 준다. 여러 번 연습하다 보면 중국어 단어를 이해하는 데 도움이 되고, 단어를 활용하는 능력 또한 향상시킬 수 있다.

Tip

빈칸 채우기는 독해 제1부분에 해당하며 모두 10문제이다. 10문제는 46~50번의 문장 빈칸 채우기와 51~60번의 대화 빈칸 채우기의 두 부분으로 나누어지며, 이 문제 유형에서는 주로 단어와 어구의 용법에 대한 시험이 이루어진다.

단어의 용법을 정확하게 알기 위해서는 단어의 의미를 이해하는 것뿐 아니라, 단어 자체의 어법적 특징이나 문장에서의 기능 또한 알아야 한다. 중국어의 단어는 대략 명사·동사·형용사·대명사·수사·양사·부사·접속사·개사·조사 등으로 나눌 수 있으며, 그중 가장 많이 사용되는 것은 명사·동사·형용사·수량사이다. 특히 명사는 명사 내에서의 분류에 주의해야 하는데, 일반명사·방위명사·시간명사 등이 그것이다.

② 문제풀이 테크닉

1. 문장의 키워드를 표기해놓고, 문장의 문맥에 맞춰 키워드에 근거해 정확한 정답을 찾는다.

2. 단어의 결합에 주의한다. 앞뒤 단어의 성질에 따라 적합한 단어를 선택한다.

❶ 형용사 + (的+) 명사, 명사 + (的+) 명사, 부사 + 동사/형용사, 형용사 + (地+) + 동사

예 新鲜的水果, 交流的基础, 完全同意, 十分伤心, 轻松地躺下…

❷ 방위사

ⓐ 단어의 뒤에 사용되어 장소를 표현한다.

예 地铁上, 椅子上, 房间里, 窗(户)前, 楼下…

ⓑ '上', '下', '前', '后'는 단어의 앞/뒤에 쓰여 시간을 표현한다.

예 上星期, 下个月, 前两年, 两年前, 后两年, 暑假前, 起飞后…

❸ 개사는 일반적으로 동사/명사/구의 앞에 위치한다.

예 除了继续工作, 通过太阳来判断…

❹ 명사와 양사, 동사와 양사, 동사와 명사의 결합에 주의한다. 자주 쓰이는 상용구(고정 격식)를 기억해 두자.

　예 一名演员, 唱了一段儿, 准备材料, 办理签证…

3. 쉬운 것을 먼저 풀고 어려운 것을 나중에 푸는 일종의 소거법을 사용한다. 가장 쉬운 문제나 정답을 확신할 수 있는 문제를 먼저 선택해 풀고, 그런 다음 남은 문제를 푸는 방법으로, 이 방법은 문제 푸는 속도와 적중률을 높을 수 있다.

예제 1~5

A 成功	B 打折	C 部分	D 超过	E 参观
명 통 성공(하다)	통 할인하다	명 양 부분	통 초과하다	명 통 참관(하다)

1. 我感觉汉语比较难学的是声调和汉字（　　　）。	내가 느끼기에 중국어가 배우기 비교적 어려운 것은 성조와 한자（　　　）이다.
2. 外国朋友来北京的时候，我常常陪他们（　　　）北京的名胜古迹。	외국 친구들이 베이징에 올 때, 나는 자주 그들을 데리고 베이징의 명승고적을（　　　）.
3. 一个人要想取得（　　　），必须付出加倍的努力。	한 사람이（　　　）을 얻고 싶다면, 반드시 더욱 노력을 기울여야 한다.
4. 老板，这件衣服是最后一件，可以给我（　　　）吗?	사장님, 이 옷이 마지막 한 벌인데,（　　　）줄 수 있나요?
5. 在中国，每年出国旅游的人数（　　　）1.2亿人次。	중국에서, 매년 해외로 여행 가는 사람은 연 1억 2천만 명을（　　　）.

해설　1. 정답은 C이다.
보기 중 명사는 '部分'밖에 없다. 중국어는 성조/한자/어법 등의 부분으로 나눌 수 있는데, 문장에서 언급한 것은 성조와 한자 두 가지 '부분'이다.

2. 정답은 E이다.
키워드 '名胜古迹' 앞에는 일반적으로 '参观', '游览' 등의 동사가 온다.

*3. 정답은 A이다.
'取得'는 동사로, 의미상 가장 적합한 목적어는 '成功'이다. '付出', '努力' 같은 단어들도 마찬가지로 '成功'과 연관된 단어들이다. 이 문제는 비교적 간단하기 때문에 먼저 푸는 것이 좋다.

4. 정답은 B이다.
키워드인 '老板', '衣服'를 통해 '나'는 상점에서 물건을 사고 있음을 알 수 있다. 문맥을 고려해 볼 때, 물건을 사는 것과 관련이 있는 단어는 '打折'이다.

5. 정답은 D이다.
'1.2亿人次'는 수량구로 이것과 서로 어울리는 단어는 '超过'밖에 없다.

A 压力	B 严重	C 细心	D 可惜	E 出现
명 스트레스	형 심각하다	형 세심하다	형 아깝다	동 출현하다
			동 아쉬워하다	

6. A: 这次的竞争（　　　）很大，你做好准备了吗？

    B: 我准备得很充分，完全没有问题。

A: 이번 경쟁은 (　　　)가 너무 커요, 당신은 준비 다 했나요?

B: 나는 충분히 준비했어요, 아무 문제 없습니다.

7. A: 小李，真对不起，又要麻烦你，我的电脑又（　　　）问题了。

    B: 没关系，正好我闲着，可以帮你看看。

A: 샤오리, 정말 미안해, 또 널 번거롭게 하네, 내 컴퓨터에 또 문제가 (　　　).

B: 괜찮아, 마침 내가 쉬고 있으니, 너 도와서 좀 봐 줄게.

8. A: 怎么样？那个问题解决了吗？

    B: 我以为今天能顺利解决，但是情况比我想的（　　　）得多，怎么办呢？

A: 어때요? 그 문제 해결 했나요?

B: 저는 오늘 순조롭게 해결할 거라고 착각했어요, 그런데 상황이 제 생각보다 더 (　　　), 어떡하죠?

9. A: 昨天下午的演出怎么样？

    B: 你喜欢的歌手去了，还唱了好几首歌。你没有去看真是太（　　　）了！

A: 어제 오후 공연 어땠어?

B: 네가 좋아하는 가수가 나와서, 노래도 여러 곡 불렀어. 네가 가서 보지 못하다니 정말 너무 (　　　)!

10. A: 这件事让小刘负责怎么样？

    B: 我觉得挺合适的。他以前做过这个，最重要的是他这个人很（　　　）。

A: 이 일을 샤오리우에게 맡기면 어떨까요?

B: 제 생각엔 아주 적합할 것 같아요. 그는 이전에 이 일을 했고, 가장 중요한 것은 샤오리 그 사람은 매우 (　　　).

해설　6. 정답은 A이다.
　　　빈칸에는 명사가 들어가 '竞争压力(경쟁 스트레스)'가 '大(크다)'는 표현을 해야 한다.

7. 정답은 E이다.
　'出现问题'는 자주 쓰이는 결합관계이다.

8. 정답은 B이다.
　'나(我)'는 문제가 간단해 순조롭게 해결될 것이라고 '착각했다(以为)'. 키워드인 '但是'는 문제가 아직 해결되지 않았음을 설명하고 있기 때문에, 이 문장이 표현하는 의미는 '문제가 심각하다'이다.

9. 정답은 D이다.
　문맥을 고려해 보면 '네가 좋아하는 가수가 나왔고' 핵심 정보인 '你没有去看'과 결합해 보면 '아쉬움(可惜)'을 느꼈을 것이다.

독
해

*10. 정답은 C이다.

정도부사 '很'의 뒤에는 일반적으로 형용사가 위치한다. 문맥을 살펴보면 '나'는 이 사람의 성격을 말하고 싶다는 걸 알 수 있는데, '细心'만이 사람의 성격을 설명할 수 있다. 이 문제는 비교적 간단하기 때문에 먼저 푸는 것이 좋다.

4. 제시된 문제의 괄호 앞뒤를 잘 살피는 것이 가장 중요하다. 괄호의 앞이나 뒤에 어떤 단어가 있는지, 그 단어의 문장성분이 무엇인지 판단하면 괄호 안에 어떤 품사나 문장성분이 와야 하는지 알 수 있기 때문이다. 위에서 제시한 여러 가지 문제풀이 방법들을 적용하기 위해서는 가장 먼저 괄호의 앞뒤 성분을 파악해 두어야 함을 명심하자.

③ 연습문제 30문항

독해 제1부분 연습문제를 문제풀이 가이드와 테크닉을 잘 숙지하여 집중해 풀어 보자. 한 번에 풀기보다는 실제 시험처럼 10문항씩 3회차로 나누어 풀 것을 권장한다.

第1—30 题: 选词填空。

1—10.

A 成功	B 打折	C 部分	D 超过	E 参观

1. 我感觉汉语比较难学的是声调和汉字（ 　　　 ）。

2. 外国朋友来北京的时候，我常常陪他们（ 　　　 ）北京的名胜古迹。

3. 一个人要想取得（ 　　　 ），必须付出加倍的努力。

4. 老板，这件衣服是最后一件，可以给我（ 　　　 ）吗?

5. 在中国，每年出国旅游的人数（ 　　　 ）1.2亿人次。

A 儿童	B 放弃	C 堵车	D 广告	E 发生

6. A: 不好意思，我今天可能要迟到了，现在路上（　　　）。

　　B: 没关系，我等你，不着急。

7. A: 今天是（　　　）节，不是你的节日，你已经是成年人了。

　　B: 只要我有童心，我也可以过这个节日啊。

8. A: 你为什么选择（　　　）这次出国的机会呢？

　　B: 因为我更想留在国内发展，毕竟我的家在这儿。

9. A: 今天（　　　）了一件非常奇怪的事情。

　　B: 什么奇怪的事情？

10. A: 现在我越来越不喜欢看电视了，到处都是（　　　）。

　　B: 是这样的，而且也没有特别好看的电视节目。

11—20.

A 变化	B 交	C 到处	D 方式	E 坚持

11. 每当季节（　　　），感冒的人数就会激增。

12. 欢迎来我们公司工作，我带你（　　　）去看看吧。

13. 现代人都提倡环保的生活（　　　）。

14. 后来我就参加了社团，（　　　）了很多朋友，慢慢变得开心起来。

15. 尽管走路的好处很多，但真正做到每天（　　　）走路锻炼的人却很少。

A 信心	B 不动	C 醒	D 活动	E 打印

16. A: 今天吃得太多了，我撑得路都走（　　　）了。

    B: 你先别回家了，在外面多走走，消化消化再回去。

17. A: 这件事就交给小李负责吧。

    B: 好的，她来部门一年了，也该尝试独立负责一项（　　　）了。

18. A: 哎呀，真对不起，我把你吵（　　　）了！

    B: 没关系，我正想起来喝点儿水呢。

19. A: 这次考试怎么样？有（　　　）通过吗？

    B: 唉，考试之前以为自己都会了，谁知道考场上什么都写不出来。

20. A: 天都这么晚了，你还出去干什么？

    B: 我忘了（　　　）作业了，明天早上要交的。

21—30.

| A 对于 | B 千万 | C 得 | D 从来 | E 由 |

21. 真不好意思，明天我（　　　）交作业，没时间和你一起看电影了。

22. 你（　　　）记得明天把书给我带过来，上课的时候要用。

23. 我最近正在考虑这个项目是否应该（　　　）你负责。

24. 他是一个很诚实的人，（　　　）不撒谎。

25. （　　　）这件事，您有不同的看法吗？

| A 提醒 | B 大概 | C 提前 | D 实在 | E 困 |

26. A：这个题挺简单的，你再好好想一下。

　　B：我（　　　）想不出来了，我已经想了两个小时了，还是不会。

27. A：临走前我还（　　　）你检查行李，结果你还是忘带东西了。

　　B：现在说这个还有什么用？想想办法吧。

28. A：我还没确定结婚的具体日期，反正在八月份。

　　B：要（　　　）给我打电话啊，我一定回去参加你的婚礼。

29. A：列车员，还有几站才能到北京？

　　B：还有五站呢，（　　　）下午一点到。

30. A：你生病了？怎么看上去精神不太好？

　　B：没有，早上很早就被女儿吵醒了，现在有点儿（　　　）。

정답은 부록에서 확인할 수 있습니다.
해설은 해설집 PDF 42p에 있습니다.

1 문제풀이 가이드

독해 제2부분은 단문의 순서를 배열하는 유형으로, 실제 HSK 시험에서 이 부분은 모두 10문제이다. 이 부분의 문제는 모두 하나의 문장 혹은 단락을 세 부분으로 나눠 순서를 섞어놓은 형식이다. 응시자는 A·B·C 보기 세 개를 읽고 이 세 부분의 의미에 따라 보기를 순서대로 배열해 답안지에 알파벳으로 표기한다.

→ 예를 들어 56번 문제를 살펴보자:

A 这往往会让孩子缺少锻炼的机会

B 但有些父母对孩子保护过多

C 父母都很爱自己的孩子

A에서 언급되는 '这'는 어떤 것을 지시하고 있으므로 맨 앞에 나오기 적합하지 않고, B의 맨 앞 단어인 '但'은 전환을 나타내는 접속사로 보통 뒷절에 위치하기 때문에 맨 앞에 위치하기 어렵다. C의 '父母'는 전체 문장의 주어 역할을 하고 있으므로 맨 앞에 배치하고, 그 뒤에 전환을 나타내는 내용인 B를 배치한 뒤, 마지막으로 이 모든 것을 지시하고 있는 A를 배치한다. 따라서 정답은 [C B A]이다.

> **독해 제2부분의 답을 찾는 연습을 할 때, 중요한 것은 다음과 같다:**
> ❶ 먼저 세 개의 보기를 훑어보며 의미를 이해한 뒤 그들 사이의 논리적인 관계를 파악한다.
> ❷ 이외에 이 세 보기 중 접속사 간의 관계 또한 고려해야 하는데, 이것이 정확한 정답을 찾는 데 도움이 된다.
> ❸ HSK 시험에서 이 부분의 시험 문제는 주로 중국어에 대한 이해와 문장 구성 능력을 평가하는 것이다. 응시자는 반복적인 연습을 통해 중국어 단락의 표현 방식을 배우게 된다.

Tip

독해 제2부분의 문제는 HSK 시험의 56-65번에 해당하며 총 10문제이다. 시험 문제에서는 세 개의 문장(혹은 구)이 나오고, 응시자는 이 문장의 의미를 이해하고 문장 의미간의 관계를 파악하여 이 문장들을 정확한 순서대로 배열한다. 문장들간의 관계는 병렬, 선택, 인과, 전환, 점층(점진), 조건, 가정, 양보, 연결, 총괄, 분합 등이 있다.

2 문제풀이 테크닉

1. 접속사의 순서에 근거해 문장을 배열한다. 접속사는 문장의 논리적인 관계를 제시해 주는데, 이를 근거로 순서를 배열하면 된다. 자주 사용되는 접속사의 연용 형식은 아래와 같다.

❶ **병렬관계:** (一)边…(一)边… ~하면서 ~하다, 又/既…又/也… ~하기도 하고 ~하기도 하다, …或者… ~ 또는 ~, 是…还是… ~이기도 하고 ~이기도 하다, 一边…一边 한편으로 ~하고 또 한편으로 ~하다, 一方面…(另)一方面… 한편으로 ~하고 또 한편으로 ~하다

❷ **점층관계:** 不但/不光/不仅…而且/并且/还/也… ~뿐만 아니라 ~도 그러하다

❸ **인과관계:** 由于…因此/所以… ~이기 때문에 그래서 ~하다, 为了…所以… ~하기 위해서 그래서 ~하다, 既然…所以… 이미 ~하여 그래서 ~하다

❹ **가정/양보관계:** 即使…也/还… 가령 ~하다면 ~도 ~하다, 如果…就/那么… 만약 ~하다면 그렇다면 ~, 要是…就… 만약 ~하면 그러면 ~

❺ **전환관계:** 尽管/虽然…但是/可是/然而/却… 비록 ~이지만 그러면 ~하다, …不过… ~ 그러나~

❻ **선택관계:** 不是…而是… ~이 아니고 ~이다, 不是…就是… ~이 아니면 ~이다, 除了…就… ~를 제외하고 바로 ~

❼ **조건관계:** 不管/无论…也/都 ~에도 불구하고 ~도 또한, 只有…才… ~해야만이 비로서 ~하다, 随着… ~함에 따라

❽ **선후관계:** 先…然后… 먼저 ~하고 이어서 ~하다, 一…就… ~하자마자 ~하다, 首先…然后… 우선 ~하고 그런 다음에 ~하다

예제 1

A 人们的生活水平提高了	A 사람들의 생활수준이 향상되었고
B 消费观念也有了很大的变化	B 소비관념 역시 큰 변화가 있었다
C 随着社会的发展	C 사회가 발전함에 따라

해설 정답은 [C A B]이다.
이 문제는 '随着…'의 형식을 물어보는 문제이다. '随着…'는 문장의 맨 앞에 나와 어떠한 일의 조건을 나타낸다. 문장의 의미에 따르면 '社会的发展(사회의 발전)'은 '人们的生活水平提高(사람들의 생활수준의 향상)'의 조건이 된다. '人们的生活水平提高(사람들의 생활수준의 향상)'가 '消费观念也有了很大的变化(소비관념의 변화를 있게)' 한 것이다.

독
해

A 阅读能力好的人	A 읽기 능력이 좋은 사람은
B 而且工资也往往比较高	B 게다가 연봉 역시 비교적 높다
C 不但比较容易找到工作	C 비교적 쉽게 직업을 구할 수 있을 뿐 아니라

해설　정답은 [A C B]이다.
이 문제는 '不但…而且…'의 형식을 물어보는 문제이다. '阅读能力好的人(읽기 능력이 좋은 사람)'이 설명해야 하는 주어이기 때문에 첫 번째에 위치한다.

2. 세 개의 문장 모두에 접속사나 연결어가 없는 경우, 키워드에 표시를 한 뒤 문장의 의미상 관계를 가지고 배열해야 한다. 문장의 의미와 언어적 관계에는 아래의 몇 가지 순서가 있다.

❶ 주제/사건+과정+결과

❷ 시간/장소/사람/조건+사건(일)+원인+결과/태도

❸ 조건/원인+결과

❹ 설명/구별/병렬+총괄

❺ 총괄+설명/구별/병렬

❻ 원인+설명/해명

예제 1

A 空闲的时候	A 한가할 때
B 带我游遍了这座城市的风景名胜	B 나를 데리고 이 도시의 명소를 여행한다
C 他开着他的小汽车	C 그는 자신의 승용차를 몰아

해설　정답은 [A C B]이다.
시간을 나타내는 '空闲的时候'와 사람을 나타내는 '他', 사건(일)을 나타내는 '带我游遍了这座城市的风景名胜'의 순서대로 배열한다.

예제 2

A 中国是一个严重缺水的国家	A 중국은 심각한 물부족국가이다
B 在生活中都应该节约用水	B 생활 속에서 물을 절약해야 한다
C 我们每个人	C 우리 모두가

해설　정답은 [A C B]이다.
'中国严重缺水'이기 때문에, 그래서 '我们每个人'은 '应该节约用水'의 순서로 배열한다.

3. 정보의 재출현에 주의한다. 같은 의미의 정보가 다른 형식으로 다시 나오는 경우가 있는데, 예를 들어 앞에서 언급했던 내용이 뒷부분에서는 대명사 혹은 다른 형식으로 대체되어 나오기도 한다. 다시 출현하는 정보를 찾음으로써 앞뒤 문장을 연결할 수 있다.

예제 1

A 所以年轻人应该尊重老人	A 그래서 젊은이는 노인을 존중해야 한다
B 他们说的话都是为年轻人好	B 그들이 말하는 것은 모두 젊은이에게 좋은 것이다
C 老人比年轻人的生活知识更丰富	C 젊은이가 가진 생활의 지혜보다 노인이 훨씬 풍부하다

해설 정답은 [C B A]이다.

접속사 '所以'는 일반적으로 두 개의 단문 중간에 위치하기 때문에 맨 앞에 배열하지 않는다. 보기 B에는 '他们'과 '年轻人'이 나오고, 보기 C에는 '老人'과 '年轻人'이 나온다. 여기에서 '他们'이 지시하는 것은 '老人'임을 알 수 있고, 따라서 C가 B 앞에 위치해야 한다.

예제 2

A 但是我父母不希望他出国	A 그러나 나의 부모님은 그의 출국을 바라지 않았다
B 他们更希望他能在国内读书	B 그들은 그가 국내에서 공부할 수 있기를 더욱 바랐다
C 我弟弟高中毕业后想出国留学	C 내 남동생은 고등학교를 졸업한 후 외국으로 유학가고 싶어했다

해설 정답은 [C A B]이다.

'但是'는 일반적으로 맨 앞에 나오지 않는다. 보기 B의 '他们更希望他能在国内读书'에서 '他们'과 '他'가 나오는데, 보기 C의 '我弟弟高中毕业后想出国留学'에서는 '我弟弟'가 나온다. 남동생은 한 사람이므로 '他'에 대응되고, 부모님은 두 사람이므로 '他们'과 대응한다. 정보의 재출현 관점에서 보면, '我弟弟'가 '他'의 앞에, '他们'은 '我父母'의 뒤에 위치해야 한다. 그래서 정답은 CAB이다.

4. 앞서 언급했듯 독해 제2부분에서 가장 중요한 것은 접속사의 연용을 꼽을 수 있다. 이외에도 대명사를 통한 재지시, 연동문을 활용한 동작의 순서도 중요한 키워드 중 하나이다. 이러한 힌트들을 참고해 문제를 다 풀고 나면, 반드시 본인이 적은 답의 순서대로 해석을 해 보기 바란다. 그래야 논리적인 관계를 명확히 파악할 수 있다.

독해 제2부분 연습문제를 문제풀이 가이드와 테크닉을 잘 숙지하여 집중해 풀어 보자. 한 번에 풀기보다는 실제 시험처럼 10문항씩 3회차로 나누어 풀 것을 권장한다.

第1—30题：排列顺序。

1—10.

1. A 人们的生活水平提高了

   B 消费观念也有了很大的变化

   C 随着社会的发展 _____

2. A 我当时第一次出国

   B 不过遗憾的是我没有买什么

   C 觉得什么都很好看 _____

3. A 而绝不能成为一种主张

   B 幽默至多是一种脾气

   C 更不能当作职业 _____

4. A 所以年轻人应该尊重老人

   B 他们说的话都是为年轻人好

   C 老人比年轻人的生活知识更丰富 _____

5. A 空闲的时候

   B 带我游遍了这座城市的风景名胜

   C 他开着他的小汽车 _____

6. A 而且那时候我年纪很小

B 我跟爸爸在一起的时间实在太短

C 所以留下的回忆也很少 _____

7. A 我的语言基础不太好

B 必须抓紧时间突击一下

C 所以如果我想要出国留学 _____

8. A 结果彻夜不能入睡

B 刚知道我拿到奖学金的时候

C 我非常激动 _____

9. A 不用的书放到书架上

B 或者桌子下边的箱子里

C 请你把桌子整理一下 _____

10. A 中国是一个严重缺水的国家

B 在生活中都应该节约用水

C 我们每个人 _____

11—20.

11. A 有更多时间培养兴趣爱好

    B 而且他们越来越具有环保意识

    C 现在，北京人正变得越来越富裕   _____

12. A 不被生活中的烦恼所束缚

    B 无论生活给予我们什么

    C 我们都要热爱生活   _____

13. A 比如"电话、电脑、电视"等等

    B 人类运用科技发明了许多对我们有用的物品

    C 以上这些物品大大提高了我们的生活质量   _____

14. A 生活中的烦恼总会悄无声息地跟随着我们

    B 那么我们可以改变心情

    C 既然我们不能改变生活本身   _____

15. A 现在累死了，我要回去睡觉了

    B 昨晚写论文写到凌晨两点

    C 今早六点多就起来去参加一个讲座   _____

16. A 玩游戏最大的乐趣就是与其他人一起玩儿

    B 一个人玩儿有时候会觉得孤独

    C 也可能会觉得无聊   _____

17. A 而不会感到责任是负担

B 我们就会自然而然地担负起责任

C 当责任感成为一种习惯和生活态度 _____

18. A 一旦养成良好的读书习惯

B 就会觉得特别烦恼和无聊

C 一天不读书、看报 _____

19. A 如果晚辈能尊重他们的经验

B 老人拥有年轻人没有的丰富阅历和人生经验

C 就能让老人获得心理满足 _____

20. A 也有它好的一面

B 就看我们从哪个角度看问题，如何去把握

C 再坏的事情 _____

21—30.

21. A 任何对客观环境的不满和抱怨都是没用的

    B 才是解决问题的最佳方法

    C 只有以积极向上的精神去面对 _____

22. A 因此穿着起来感觉比较凉爽

    B 夏天，人们常常会选择颜色比较浅的衣服

    C 原因是浅色的衣物对太阳辐射的反射较多 _____

23. A 不仅让学生学到了知识

    B 小组讨论教学

    C 更重要的是提供了一种愉快的学习环境 _____

24. A 也有益于大脑开阔思路，自由联想

    B 笑不仅有益于我们的身体

    C 俗话说"笑一笑，十年少" _____

25. A 如果睡醒之后觉得神清气爽

    B 这就说明你的睡眠质量不错

    C 这和睡觉的时间长短没有直接的关系 _____

26. A 还可以看视频、聊天

    B 现在手机除了有打电话、发短信等功能以外

    C 甚至还有了许多办公软件 _____

27. A 感觉自己前几年还在过儿童节呢

　　B 没想到现在都可以陪孩子过儿童节了

　　C 时间过得可真快　　　　　　　　　　_____

28. A 青春期的孩子有自己的判断和评价

　　B 所以，他们不喜欢父母过多的干涉和控制

　　C 这个阶段的孩子要求独立的愿望十分强烈　_____

29. A 但是还是有很多人愿意购买

　　B 价格也比其它品牌的手机要贵

　　C 苹果手机虽然有许多不足之处　　　　　　_____

30. A 特别是饮水量很少的时候

　　B 吃药后别马上躺下睡觉

　　C 否则会使药物粘在食管上而不易进入胃中　_____

정답은 부록에서 확인할 수 있습니다.
해설은 해설집 PDF 48p에 있습니다.

1 문제풀이 가이드

독해 제3부분은 독해를 통해 문장의 의미를 이해하는 유형으로, 실제 HSK 시험에서 이 부분은 모두 20문제이고 모두 객관식이다. 시험 문제는 두 가지 유형으로 나뉘는데 첫 번째 부분은 앞의 14문제로 문제 내용은 모두 하나의 문장 혹은 하나의 짧은 단락으로 구성된 문장이다. 두 번째 부분은 뒤의 6문제로 세 개의 단문을 포함한다. 한 사람이 말하는 담화나 문장의 내용에 근거해 질문이나 핵심 단어 등을 도출해 내는 형식이다. 응시자는 A·B·C·D 네 개 보기 중 질문에 대한 답이나 핵심 단어 정보에 부합하는 보기를 찾아내면 된다.

→ 예를 들어 66번 문제를 살펴보자:

昨天晚上我一直工作到很晚才睡，结果今天早上手机响的时候我完全没听到，等我醒来的时候已经九点了。

★ 根据这段话，说话人今天几点起床?

　A 6点　　　　B 7点　　　　C 8点　　　　D 9点

이 문제의 질문은 '今天几点起床'이니 시간과 관련된 어구를 집중해 살펴본다. 제시문에서 언급된 시간 표현은 '九点'이므로 정답은 D가 된다.

독해 제3부분의 답을 찾는 연습을 할 때 중요한 것은 다음과 같다:

❶ 먼저 제시되어있는 질문[★표기 되어있는 문장]을 읽고, 의문사를 찾아 무엇을 물어보는 문제인지를 파악한다.

❷ 질문을 숙지한 뒤 아래의 네 가지 보기[A·B·C·D]를 보고 핵심 단어에 표기한다.

❸ 핵심단어를 머릿속에 기억하면서 맨 위의 지문을 독해한다. 만약 보기에 출현한 핵심단어가 보인다면 표기해 놓는 것도 좋다.

❹ HSK 시험에서 이 부분의 시험 문제는 주로 문장이나 단락 혹은 절에 대한 이해 능력과 이들 문장·문단·절의 구조를 얼마나 파악했느냐 하는 것을 평가하는 것이다. 응시자는 여러 차례의 연습을 통해 문장구조를 파악하게 되고, 핵심 정보와 핵심 단어·문장부호 등을 통해 문장의 내용을 이해하게 된다.

독해와 문장의 이해 부분은 HSK 시험의 66-85번에 해당한다. 이 중 66-79번은 하나의 문장 혹은 짧은 단락에 하나의 문제를 제시하고, 80-85번은 하나의 긴 단락에 두 개의 문제를 제시하는 형식으로 응시자는 A·B·C·D 중 답을 선택한다.

독해 제3부분의 문제는 어휘·어법 등 언어적 지식을 평가할 뿐 아니라, 응시생의 언어분석·추리·요약 등의 능력 또한 평가한다.

독해와 문장의 이해 부분의 문제는 아래의 유형으로 구분할 수 있다.

① 주제(취지)류

이 유형은 '这段话想告诉我们什么？'이거나 '这段话谈的是什么？' 등의 문제로 이루어져 있는데, 응시생이 제시된 문장의 주제를 파악하고 문단의 주요 의미를 이해해야 하는 유형이다. 따라서 문단의 첫 번째 혹은 마지막 문장에 주의해야 한다. 이 외에도 핵심 단어나 요약문(문장의 주어·술어·목적어를 찾는 것) 등을 찾는 방법으로 문단의 주요 내용을 이해하도록 한다.

② 세부사항류

중급 독해에서 세부사항류의 문제유형은 아주 많은 편인데, 단어나 문장 혹은 의미적인 세부사항 등을 묻는 유형으로, 이러한 수많은 정보 중 핵심 정보를 찾는 것이 가장 중요하다. 세부사항류의 문제는 A·B·C·D 네 개 보기의 내용에 근거해 관련된 정보를 찾아내면 된다.

③ 추리(추론)류

대다수의 세부사항 문제는 제시문에서 답을 바로 찾아낼 수 있다. 하지만 추론 문제는 A·B·C·D 네 개 보기와 제시된 문장의 내용을 결부시켜 추정해 이해하는 단계를 거쳐야 한다. 문제의 핵심 단어와 핵심문장은 추론에 도움을 줄 수 있다. 예를 들어 '上海每一条街道的名字他几乎都知道'는 '他对上海很了解'를 설명하고 있는 것이다. '这道题很难，但我做对了'의 핵심 단어는 '但'인데 이는 핵심 정보인 '我做对了'를 강조하고 있으므로 정답은 '做错了'가 아닌 '做对了'가 된다.

독
해

memo

2 문제풀이 테크닉

1. **핵심 단어를 찾는 것에 집중한다.** 먼저 문제와 보기 네 개의 내용을 보고, 보기의 내용을 머릿속에 가지고 제시문을 읽는다. 핵심 단어는 표시해 두고, 특히 제시문에서 보기의 내용이 등장하는 곳에 주의한다. 제시문과의 대조를 통해 부합하지 않는 보기는 제외하고, 제시문과 일치하는 정답을 선택한다.

예제 1

明天早上我们七点五十集合，八点出发去长城。从我家去集合地点大约需要一个小时，所以我明天六点五十就要从家里出发了。	내일 아침 우리는 7시 50분에 모여, 8시에 만리장성으로 출발할 거야. 우리집에서 집합 장소까지는 대략 1시간이 걸리니, 나는 내일 6시 50분에 집에서 출발할 거야.
★ 明天我们几点出发去长城？ A 七点五十　　　B 八点 C 六点五十　　　D 七点	★ 내일 우리는 몇 시에 만리장성으로 출발하나요? A 7시 50분　　　B 8시 C 6시 50분　　　D 7시

해설　정답은 B이다.
이 제시문에는 다양한 시간 표현이 등장하는데, 시간 표현 모두에 표시를 해 두고, A·B·C·D 보기와 대조해 보면 만리장성으로 가는 출발 시각은 8시임을 알 수 있다.

예제 2

因为工作，她需要在全国各地到处跑，哪里有大事发生，她就要出现在哪里，并为大家带来最新的新闻报道。	일 때문에, 그녀는 전국 각지를 돌아다녀야 한다. 어딘가에 무슨 큰일이 생기면, 그녀는 어디든 나타나서, 모두를 위해 최신의 뉴스 보도를 가져온다.
★ 她的职业是： A 导游　　　　B 司机 C 老师　　　　D 记者	★ 그녀의 직업은: A 가이드　　　　B 기사 C 선생님　　　　D 기자

해설　정답은 D이다.
직업을 묻는 질문으로, 제시문을 읽을 때에 핵심 정보 '新闻报道'에 체크해 둔다. 이 핵심 정보는 그녀의 직업이 기자임을 설명하는 것이라고 할 수 있다.

2. 만약 제시문이 비교적 긴 단락이라면, 응시자는 반드시 첫 번째 문장과 마지막 문장에 주의해야 한다. 이 문장들은 주제를 찾는 문제의 답을 찾는 데 도움이 된다.

예제 1

上下班时，偶尔想起老师您，就打电话给您，听听声音，诉诉苦。每次通话时，您总是鼓励我，非常感谢！一听到您温暖的话，我就感觉心情好多了。	출퇴근할 때, 갑자기 선생님이 생각나, 전화를 드렸습니다. 목소리를 듣고 하소연이라도 좀 하려고요. 매번 통화할 때, 선생님께서는 늘 저를 격려해 주셨지요, 정말 감사드립니다! 선생님의 따뜻한 말을 들으면, 저는 기분이 훨씬 좋아지거든요.
★ 根据这段话，可以知道他： A 之前心情不好 B 鼓励老师 C 每天给老师打电话 D 心情很好	★ 이 단락에 근거하여, 그에 대해 알 수 있는 것은? A 이전에 기분이 안 좋았다 B 선생님을 격려해 드린다 C 매일 선생님께 전화한다 D 기분이 매우 좋다

해설 정답은 A이다.

단락에서 알 수 있는 정보에 대해 묻는 문제이므로, 맨 마지막 문장의 '我就感觉心情好多了'에 주의해야 하는데, 이는 이전에 기분이 좋지 않았음을 설명하고 있다.

예제 2

生吃胡萝卜可以帮助消化，所以将胡萝卜做成蔬果沙拉是不错的选择。煮熟的胡萝卜能养胃润燥，但是会损失部分维生素和纤维素。因此，水煮胡萝卜一定要注意好时间，不可以煮太久。	당근을 날로 먹으면 소화에 도움이 된다. 그래서 당근을 야채샐러드로 만들어 먹는 것은 아주 좋은 선택이다. 익힌 당근은 위를 튼튼하고 촉촉하게 해 주지만, 일부 비타민과 섬유질의 손실이 있을 수 있다. 따라서, 물에 당근을 익힌다면 반드시 시간에 유의해야 하고, 너무 오래 삶으면 안 된다.
★ 生吃胡萝卜的好处是： A 养胃　　　　B 润燥 C 助消化　　　D 美容	★ 당근을 날로 먹는 것의 좋은 점은: A 위를 튼튼히 한다 B 촉촉하게 한다 C 소화에 도움이 된다 D 미용에 도움이 된다

해설 정답은 C이다.

첫 번째 문장의 '生吃胡萝卜可以帮助消化'가 C가 정답임을 설명하고 있다.

독해

3. 부사·형용사·접속사 등의 단어에 주의해야 한다. 특히 부정이나 전환·총괄의 의미를 표현하는 단어는 따로 표기해 둔다. 이렇게 하면 문제의 의미를 이해하는 데 중요한 역할을 하게 될 것이다.

예제 1

他是西班牙人，可是他对西班牙的了解还不如对中国的了解多。	그는 스페인사람이다. 하지만 그의 스페인에 대한 이해도는 중국을 이해한 것만큼 많지 않다.
★ 根据这句话，我们可以知道： A 他对西班牙的了解更多 B 他对中国的了解更多 C 他对两个国家的了解一样多 D 他对两个国家都不太了解	★ 이 문장에 근거해 우리가 알 수 있는 것은: A 그는 스페인에 대해 훨씬 많이 안다 B 그는 중국에 대해 훨씬 많이 안다 C 그는 두 나라에 대해 똑같이 많이 안다 D 그는 두 나라에 대해 그다지 알지 못한다

해설 정답은 B이다.
'可是'는 전환을 나타내고 '不如'는 부정을 나타낸다. 모두 '比不上(~보다 못하다)'의 의미이다.

예제 2

我看他不是不能参加，而是不想参加。他上次、这次都没有参加会议，下次也不会参加的。	내 생각에 그는 참가하지 못하는 것이 아니라, 참가하고 싶지 않은 것이다. 그는 지난번과 이번 회의 모두 참가하지 않았으니, 다음번 역시 참가하지 않을 것이다.
★ 根据这段话，我们可以知道： A 他不能参加 B 他下次会参加 C 他上次参加了 D 他不想参加	★ 이 문장에 근거해 우리가 알 수 있는 것은: A 그는 참가하지 못 한다 B 그는 다음 번에 참가할 것이다 C 그는 지난번에 참가했다 D 그는 참가하고 싶지 않다

해설 정답은 D이다.
이 문제에는 부정부사 '不'가 많이 출현하니 특히 주의해야 한다. '不是不能参加'는 이중부정 형식으로 긍정을 표현하기 때문에 '참가할 수 있다'는 의미로, 따라서 A번은 틀린 답이 된다. '他上次、这次都没有参加会议，下次也不会参加的'에서 B와 C가 틀렸음을 알 수 있고, 정답은 D가 될 수밖에 없다.

4. 단어의 이해와 관련된 문제를 풀 때, 응시자는 이 단어가 포함된 문장을 찾아 그 문장을 중점적으로 분석해야 한다. 또한 앞뒤의 내용과 결부시켜 단어의 의미를 파악하도록 한다.

예제 1

我已经很久没有锻炼身体了，昨天才跑了20分钟就没劲儿了，一点儿也跑不动了。	나는 몸을 단련하지 않은 지 이미 아주 오래되었다. 어제 겨우 20분을 뛰었는데 힘이 없어져, 조금도 움직일 수 없었다.
★ "劲儿"的意思是: A 时间　　　　B 心情 C 意思　　　　D 力气	★ '劲儿'의 의미는: A 시간　　　　B 기분 C 의미　　　　D 힘

해설　정답은 D이다.
　　　'跑不动'은 조금도 움직일 수 없음을 표현한다. '劲儿'은 '力气(힘)'의 의미이다.

예제 2

联合国教科文组织发布过一个排名，全世界最难学的语言之一有中文。现在越来越多的外国朋友在学习中文，要掌握奇妙的汉字，也实在需要"下工夫"。	유네스코에서 랭킹 하나를 발표한 적이 있는데, 세계에서 배우기 가장 어려운 언어 중의 하나가 중국어라는 것이다. 지금 점점 더 많은 외국인이 중국어를 배우는데, 신묘한 한자를 정복하려면, 또한 '공들이기'가 정말 필요하다.
★ "工夫"是指: A 武术　　　　B 时间和精力 C 金钱　　　　D 智慧	★ '工夫'가 가리키는 것은: A 무술　　　　B 시간과 노력 C 금전(돈)　　　D 지혜

해설　정답은 B이다.
　　　제시문에서 '중국어는 배우기 어렵다'는 말이 나온다. 공부한 경험에 비춰 보면, 배우기 어려운 것은 시간과 노력이 필요한 법이다. '下工夫'는 많은 시간과 힘을 쓴다는 걸 가리킨다.

5. 독해 제3부분은 먼저 별표 표기(★)가 되어있는 질문을 가장 먼저 살피는 것이 중요하다. 무엇을 물어보는지 먼저 파악한 후 A·B·C·D 네 개의 보기를 살펴보고, 이들 보기가 제시문에 등장하는지를 판단해 정답을 고른다. 만약 보기의 내용이 제시문에 언급되지 않은 경우, 제시문을 처음부터 해석해 의미에 맞는 답을 찾으면 된다.

독해 제3부분 연습문제를 문제풀이 가이드와 테크닉을 잘 숙지하여 집중해 풀어 보자. 한 번에 풀기보다는 실제 시험처럼 20문항씩 3회차로 나누어 풀 것을 권장한다.

第1—60 题：请选出正确答案。

1. 明天早上我们七点五十集合，八点出发去长城。从我家去集合地点大约需要一个小时，所以我明天六点五十就要从家里出发了。

 ★ 明天我们几点出发去长城？

 A 七点五十　　　　B 八点　　　　　C 六点五十　　　　D 七点

2. 阿里，你可以帮我把这封信寄出去吗？不用去邮局，只需要把这封信放进学校的邮筒里就可以了。

 ★ 她让阿里帮忙做什么？

 A 寄信　　　　　B 发电子邮件　　C 去邮局　　　　D 找邮筒

3. 因为工作，她需要在全国各地到处跑，哪里有大事发生，她就要出现在哪里，并为大家带来最新的新闻报道。

 ★ 她的职业是：

 A 导游　　　　　B 司机　　　　　C 老师　　　　　D 记者

4. 在日本，虽然街上没有垃圾桶，街道却非常干净，因为人们会把垃圾带回家。中国街道也非常干净，但与日本不同，垃圾桶的数量非常多。

 ★ 根据这段话，我们可以知道什么？

 A 日本街上有很多垃圾桶　　　　　B 中国街上有很多垃圾桶

 C 日本街上不太干净　　　　　　　D 中国街上不太干净

5. 离上课还有一个小时的时间，现在才九点。我们现在出发，半个小时就到了，完全来得及。

   ★ 几点上课？

   A 九点　　　　　B 九点半　　　　　C 十点　　　　　D 十点半

6. 我看他不是不能参加，而是不想参加。他上次、这次都没有参加会议，下次也不会参加的。

   ★ 根据这段话，我们可以知道：

   A 他不能参加　　B 他下次会参加　C 他上次参加了　D 他不想参加

7. 面对事故的时候，只有热心是不够的，我们每个人都应该保持冷静，知道应该做什么不应该做什么。

   ★ 面对事故，我们应该怎么样？

   A 冷静　　　　　B 热心　　　　　C 专业　　　　　D 热情

8. 呦，真不得了！这个孩子不到一岁就会说话了，我那个丫头一直到五岁才会说话。

   ★ 说话人是什么意思？

   A 五岁说话很早　　　　　　　　B 一岁说话很晚

   C 一岁说话很早　　　　　　　　D 五岁说话很正常

9. 跟很多人想当科学家的理想不一样，我的理想是当一名售货员。现在我已经实现了自己的理想，每天可以跟很多人交流，我非常高兴。

   ★ 根据这段话，我们可以知道：

   A 他是售货员　　　　　　　　　B 他的理想是当科学家

   C 他没有实现理想　　　　　　　D 他不太高兴

10. 我已经很久没有锻炼身体了，昨天才跑了20分钟就没劲儿了，一点儿也跑不动了。

    ★ "劲儿"的意思是：

    A 时间　　　　　　B 心情　　　　　　C 意思　　　　　　D 力气

11. 三年前，有一天我跟一个中国朋友一起去商店。当时我不会骑自行车，因此坐在她自行车的后边。那时候天气很好，很舒服。要到商店的时候，我的中国朋友对我说："寿真，很凉快吧。"

    ★ 她们怎么去商店的？

    A 开车　　　　　　B 骑自行车　　　　C 走路　　　　　　D 坐公共汽车

12. 上下班时，偶尔想起老师您，就打电话给您，听听声音诉诉苦。每次通话时，您总是鼓励我，非常感谢！一听到您温暖的话，我就觉得心情好多了。

    ★ 根据这段话，可以知道他：

    A 之前心情不好　　　　　　　　　B 鼓励老师

    C 每天给老师打电话　　　　　　　D 心情很好

13. 他是西班牙人，可是他对西班牙的了解还不如对中国的了解多。

    ★ 根据这句话，我们可以知道：

    A 他对西班牙的了解更多　　　　　B 他对中国的了解更多

    C 他对两个国家的了解一样多　　　D 他对两个国家都不太了解

14. 这雨一时半刻也停不了，不会有人来吃饭了，咱们还是关门吧。

    ★ 说话人最可能是做什么的？

    A 天气预报员　　　B 饭馆儿服务员　　C 售货员　　　　　D 家庭妇女

15. 所有的困难都是暂时的，就像句子中的顿号，只是停一停、顿一顿，顶多就是一只让我们稍微休息一下的拦路虎。

    ★ 困难：

    A 永远都在　　　　B 让人烦恼　　　　C 总会解决　　　　D 是句号

16. 天凉了，很多人洗澡时喜欢把水温调高一点儿，而且洗澡的时间也会有意识地延长。他们觉得，这样不仅能净身，还可以去寒、舒经活络，但这其实是一种错误的观点。

    ★ 冬天洗澡：

    A 水温要高　　　　B 时间要长　　　　C 要一周两次　　　　D 时间不能过长

17. 明天是正月十五元宵节，除了放烟花、赏花灯外，吃元宵也是家家户户必不可少的一个活动。

    ★ 元宵节的习俗不包括：

    A 划龙舟　　　　B 放烟花　　　　C 看花灯　　　　D 吃元宵

18. 老人要想安享晚年，除了需要物质的满足，还需要心灵的安慰。每个人都有获得他人尊重的心理需要，这对老人来说尤为重要。

    ★ 老人心灵的安慰来自：

    A 物质需求的满足　　　　　　　　B 获得尊重的需要

    C 健康的身体　　　　　　　　　　D 晚年的生活环境

19. 调查结果显示，到韩国旅游的中国游客，购物清单上不再只有化妆品，保健品等其他用品也开始出现。之所以出现这种新趋势，一个重要原因就是到韩国旅游的中国游客越来越年轻。另外，网络信息传播快速，很多经过网友推荐的产品都会热卖。

    ★ 到韩国旅游的中国游客：

    A 只买化妆品　　　B 以年轻人为主　　C 消费巨大　　　D 购物受网络影响

20. 紧张、忧虑等不好的情绪不仅会影响食欲、睡眠，也会影响免疫系统的功能，长时间的紧张、忧虑更会给肿瘤的产生带来机会。

    ★ 长期不好的情绪：

    A 对身体没影响　　B 会产生肿瘤　　　C 会影响健康　　　D 会产生癌症

21. 老年人入睡比较困难，应有一个安静、清洁、舒适的环境。睡前应该关灯或使灯光柔和，避免噪声，室内温度不可过冷或过热，湿度不可过高或过低。睡前最好开窗通气，让室内空气清新，氧气充足，但应预防感冒。

    ★ 这段话主要是说老年人睡觉：

    A 比较困难　　　　B 要预防感冒　　　C 要避免噪声　　　D 对环境的要求

22. 今年春运，北京南站出现了3个短时高峰，发送旅客数已经达到383.4万人，与去年相比增长了21%，达到了历史上的新高度。

    ★ 北京南站今年春运与以前相比：

    A 人数减少　　　　B 人数最多　　　　C 压力较小　　　　D 高峰最多

23. 起床后，身体经过一晚的呼吸损失了部分水分，早饭喝粥既补充了营养，又起到了补水的作用；晚饭喝粥，肠胃舒服，还有助于睡眠。

    ★ 喝粥不能：

    A 治疗失眠　　　　B 滋养肠胃　　　　C 补充营养　　　　D 补充水分

24. 面粉中含有微量的胡萝卜素，因此，馒头、花卷、豆包等有一点儿黄色是正常的。过于洁白可能是加了增白剂，而过量食用增白剂对消化系统和肝脏有损害。

★ 胡萝卜素：

A 是白色的   B 很有营养

C 使馒头有点儿黄色   D 面粉中没有

25. 冰箱是现代家庭生活中常见的家用电器之一，不少人都会习惯用冰箱保鲜食物，但实际上，冰箱并非保鲜柜，并不能完全杀死细菌，食物放在冰箱也会有变质和滋生细菌的可能。

★ 冰箱：

A 每家都有   B 也会滋生细菌

C 可保证食物不变质   D 可完全灭菌

26. 冬天吃橙子比较多。有些橙子的颜色格外鲜艳，这时就要小心了，它有可能已经被染过色，或者在皮上打了些石蜡。

★ 橙子：

A 有的可能被染色   B 应该多吃

C 冬天吃更好   D 营养丰富

27. 国际旅游可直接带动交通、贸易、金融、文化等多个领域的发展，也是中国新型外交模式的开始。而本届世界旅游发展大会，正在将之推向高峰。

★ 国际旅游：

A 可促进文化交流   B 已发展到高峰

C 中国不重视   D 是民间行为

28. 只知道抱怨别人、指责他人就是掩盖自己的问题，逃避自己的责任，那样做只会引起人与人之间的争吵，大大加深彼此的误会。

　　★ 这段话想告诉我们：

A 不要与人争吵　　　　　　　B 要看到自己的问题

C 责任无法逃避　　　　　　　D 误会可以解决

29. 绿叶蔬菜的农药残留也是有季节性的，一般夏季的青菜用农药较多，在夏季吃青菜时要用清水泡一个小时，以减少农药污染。

　　★ 农药：

A 无季节性　　　B 夏季较多　　　C 不用清洗　　　D 冬季没有

30. 遇到不顺心的事，很多人都希望找朋友说一说。然而，据美国"生命科学"网近日报道，一味地倾诉、吐苦水，并不能起到多少减压效果。

　　★ 报道主要是关于：

A 减压方式　　　　　　　　　B 朋友的重要性

C 倾诉和减压　　　　　　　　D 社会压力

31. 糖是人类赖以生存的物质之一，大米、面条儿、土豆、水果等食物中都含有糖分。我们只要平时不挑食，所需的糖分都可以从食物中获得，不必另外吃糖。

　　★ 糖分：

A 不重要　　　　　　　　　　B 需额外补充

C 可从食物中获取　　　　　　D 水果中最多

32. 美国密歇根大学社会研究所的一项研究结果表明，适度、合理、心平气和地争论可对身心健康产生有利的影响，但如果争论时无理取闹地发脾气，则对健康非常不利。

★ 争论应该：

A 激烈　　　　　B 避免　　　　　C 据理力争　　　　D 态度冷静

33. 会教育孩子的父母，是宽容、宽厚的，而不是对孩子做的每一件事都指手画脚。好父母会尊重孩子，变"说"为"听"，只对孩子提出建议，这样才能获得孩子的信任和认同。

★ 对待孩子，父母应该：

A 学会倾听　　　　　　　　　B 给他们自由

C 信任他们　　　　　　　　　D 每件事都提出建议

34. 很多社交恐惧症患者，就是因为接受不了自己、对自己不自信而害怕社交。所以，要克服社交恐惧，首先就得在心里接受自己，树立起对自己的信心。

★ 克服社交恐惧要：

A 认识自己　　　　　B 认可自己　　　　　C 多参加活动　　　　D 改变性格

35. 老舍茶馆是以老舍先生名字命名的茶馆，它由二分钱一碗的大碗茶起家，是京城开的第一家新式茶馆，非常受游客的欢迎。

★ 老舍茶馆：

A 是第一家茶馆　　　　　　　B 茶很贵

C "老舍"是人名　　　　　　D 不卖大碗茶

36. 随着社会的进步，人们越来越忙，负担也越来越重。不妨在适当的时候放下负担，轻松一下，等调整好了状态再重新开始。

　　★ 负担：

　　A 大大减轻　　　　B 有害健康　　　　C 应适当放下　　　　D 无须调整

37. 在这部电影中，导演很成功地表现出了他想让观众了解和看到的事情。虽然这部电影的成本很低，在很多方面都有不足，但并不影响这是一部有意义的电影的事实。

　　★ 这部电影：

　　A 表达了导演的想法　　　　　　　　B 制作成本高
　　C 非常完美　　　　　　　　　　　　D 意义不大

38. 依我看，这个计划很不完善，我们应该再花一些时间来完善它，而不是像现在这样，拿着一个没有完成的计划做事情。

　　★ 计划需要：

　　A 执行　　　　　　B 完善　　　　　　C 取消　　　　　　D 重做

39. 动物油与一般植物油相比，有不可代替的特殊香味，可以增强小孩儿的食欲，对防治小儿厌食有很大的帮助。

　　★ 与植物油相比，动物油的优势是：

　　A 防治厌食　　　　B 热量更高　　　　C 更有营养　　　　D 香味更大

40. 记者17日从工业部和信息部了解到，三大运营商已经公布了明年提速降费工作计划，我国通信资费今年将继续下降，网速和网络覆盖将持续提升。

　　★ 明年将要下降的是：

　　A 网络速度　　　　B 网络覆盖　　　　C 工作总量　　　　D 通信费用

41. 生态危机和环境灾难是没有国界的，是不受时间和空间限制的，在生态问题上，任何国家都不能逃避责任。

★ 生态危机：

A 后果严重　　　　B 需共同承担　　　C 持续时间短　　　D 发生范围小

42. 我们日常生活中离不开食物、水、阳光、空气，少不了要休息、活动、排泄。这些我们每天都在做的事，只要稍加注意，养成一个好的习惯，就会终身受益。

★ 这段话主要告诉我们什么的重要性？

A 空气　　　　　　B 活动　　　　　　C 习惯　　　　　　D 食物

43—44.

　　在中国，以前新年的时候，人们喜欢互相邮寄贺年卡，用来联络感情，增进友谊，恭贺新年。但是随着科技水平的提高，现在人们都选择直接发微信或者打电话拜年，虽然更加方便了，但是少了很多传统新年的乐趣。

★ 在中国，现在人们怎么拜年？

　　A 互相邮寄贺年卡　　　　　　　　B 发微信或打电话

　　C 视频　　　　　　　　　　　　　D 互赠鲜花

★ 我们可以看出说话的人更喜欢哪一种拜年的方式？

　　A 打电话　　　　　　　　　　　　B 发微信

　　C 视频　　　　　　　　　　　　　D 互相邮寄贺年卡

45—46.

　　茶是广泛流行于世界的保健饮品，起源于中国。茶树喜欢湿润的气候，在中国长江流域以南地区广泛种植。茶树种植3年就可以采摘叶子。一般在清明前后采摘长出4—5个叶的嫩芽。这种嫩芽制作的茶叶质量非常好，属于珍品。中国茶包括绿茶、红茶、乌龙茶、白茶、黑茶、黄茶六个种类。

★ 中国茶有几个种类?

　　A 三个　　　　　B 四个　　　　　C 五个　　　　　D 六个

★ 茶树在哪儿广泛种植?

　　A 长江以南　　　B 长江以北　　　C 黄河以南　　　D 黄河以北

47—48.

　　适合睡前吃的食物有牛奶、土豆、面条儿、蔬菜等。这些食物能促进大脑分泌一种称为血清素的激素，有放松、安神的作用。当然最普通的睡前食物是一杯热牛奶加蜂蜜和肉桂。喝一杯啤酒或者葡萄酒虽然也能帮助入睡，但是容易醒来，且不易再度睡着。

★ 睡前喝什么利于睡眠?

　　A 啤酒　　　　　B 葡萄酒　　　　C 蜂蜜　　　　　D 牛奶

★ 文中提到的这些食物能起到安眠的作用，是因为:

　　A 含有维生素　　　　　　　　B 促进新陈代谢

　　C 利于消化　　　　　　　　　D 促进大脑分泌血清素

49—50.

被子不是晒得越久越好。晒被子的最佳时间一般在上午11时到下午2时，晾晒两三个小时最好。冬天，棉被在阳光下晒三四个小时，棉纤维就会达到一定程度的膨胀。如果晒得时间更长、次数更多，棉被的纤维会缩短并容易脱落，所以棉被无须多晒。

★ 适合晒被子的时间是：

    A 上午九点   B 上午十二点   C 下午三点   D 下午五点

★ 晒被子：

    A 越久越好   B 越多越好   C 不宜多晒   D 会使纤维脱落

51—52.

虽然牛奶中含有很高的钙，但与它比起来，酸奶中所含的乳酸与钙结合，更能促进钙的吸收。一般来说，饭后30分钟到2个小时之间喝酸奶效果最好。但是，中医建议，酸奶在晚上喝最好，可以最大发挥酸奶补钙的作用。

★ 酸奶：

    A 钙含量低   B 促进消化   C 比牛奶好   D 含有乳酸

★ 中医建议喝酸奶的时间是：

    A 早上   B 上午   C 中午   D 晚上

53—54.

立夏时节，中国大部分地区的平均气温已升高到 20 ℃左右，标志着中国开始进入夏季。立夏后，万物生长，气温逐渐升高，人体的消耗也随之加大，人常常会觉得疲倦，再加上昼长夜短，这时人的作息不能再一成不变。中医建议，老年人夏季养生需要静养护心、晚睡早起。

★ 立夏后：

A 气温下降　　　　　　　　B 昼短夜长

C 人的作息应改变　　　　　D 人体消耗减少

★ 医生给老年人的建议是：

A 安静修养　　　B 早睡早起　　　C 加强锻炼　　　D 减少消耗

55—56.

香甜可口的新鲜菠萝营养丰富，维生素 C 的含量是苹果的 5 倍，还能帮助人体消化蛋白质。英国《魅力》杂志报道，菠萝还有一种十分有趣却鲜为人知的保健功效——缓解疼痛。

★ 新鲜菠萝的好处不包括：

A 营养丰富　　　　　　　　B 缓解疼痛

C 维生素含量丰富　　　　　D 有益吸收

★ "鲜为人知"中"鲜"的意思是：

A 很少　　　B 新鲜　　　C 鲜艳　　　D 重要

57—58.

　　花木兰是中国古代的女英雄，因为代替父亲加入军队并打败敌人而闻名天下。她的故事经常出现在很多作品中，电影、电视剧也多次重拍。有关她的一些介绍最早出现在北朝民歌《木兰辞》中，但是关于她的出生年月和故乡，史书里说法不一。

★ 有关花木兰的介绍最早出现在：

　　A 电影中　　　　　B 民歌中　　　　　C 史书中　　　　　D 电视中

★ 关于花木兰，下列说法正确的是：

　　A 默默无闻　　　　B 故乡明确　　　　C 替父从军　　　　D 现代英雄

독
해

59—60.

　　老年痴呆症，是一种脑部神经退变性疾病。年龄每增长5—10岁，得病率增长一倍。目前，全世界老年痴呆患病人数以每20年翻一倍的速度在增长。65岁是老年痴呆的高发期，疾病往往潜伏10—20年，因此40岁后就应开始关注和预防老年痴呆。

★ 老年痴呆最易发生在多少岁？

　　A 40岁　　　　　　B 45岁　　　　　　C 60岁　　　　　　D 65岁

★ 应该从什么时候开始注意老年痴呆？

　　A 40岁　　　　　　B 45岁　　　　　　C 60岁　　　　　　D 65岁

정답은 부록에서 확인할 수 있습니다.
해설은 해설집 PDF 54p에 있습니다.

3. 쓰기 ✏️

쓰기 부분은 제1,2부분으로 이루어져 있으며, 총 40문제이다. 응시자는 시간 확인을 잘 해서, 해당 시간 안에 모든 문제를 풀 수 있도록 해야 한다. 문제를 풀 때는 아래와 같이 풀도록 하자.

① 쓰기 제1부분은 제시된 단어 혹은 구를 중국어 어순에 맞춰 배열해 완벽한 문장으로 만드는 유형이다. 이 부분에서 가장 중요한 것은 문장의 술어를 찾아내는 것이다. 술어를 찾아 중심에 두고, 그에 대한 주어와 목적어 및 기타 수식성분을 배치해 주면 된다.

② 쓰기 제2부분은 제시된 사진과 단어를 활용하여, 사진을 설명하는 간단한 문장을 작문하는 유형이다. 이 부분에서는 먼저 제시된 단어의 품사와 의미를 파악하고, 그를 바탕으로 제시된 사진을 설명하면 된다. 작문할 때는 문장성분(주어, 술어, 목적어)에 유의하도록 한다.

제1부분　어구를 배열해 문장 완성하기

1　문제풀이 가이드

제1부분은 제시된 단어들을 어순에 맞게 배열해 문장을 완성하는 유형으로, 실제 HSK 시험에서 모두 10문제가 출제된다. 이 부분은 문제마다 4~5개 단어 혹은 구 구조가 나열되어 있고, 이것들을 논리적으로 적합한 문장으로 완성해야 한다. 완성한 문장은 답안지에 정확하게 적어낸다.

➜ 예를 들어 86번 문제를 살펴보자:

是　　记者　　的　　我最喜欢　　职业

이 문장의 주어는 **记者**, 술어는 **是**, 목적어는 **职业**이다. 나머지는 목적어를 꾸며주는 관형어의 성분이므로 我最喜欢的를 职业 앞에 배치한다. 따라서 정답은 [**记者是我最喜欢的职业。**]이다.

> **쓰기 제1부분의 답을 써내는 연습을 할 때 중요한 것은 다음과 같다:**
> ❶ 먼저 문장의 주요(기본)성분을 먼저 찾아두고 소거법을 활용해 단어를 배열하도록 한다.
> ❷ 순서를 배열하고 난 뒤에는 전체 문장을 두 번 정도 읽어 보고, 특히 정답이라고 확신이 서지 않는 문제는 어감을 느껴본 뒤 최종적으로 답을 선택한다.
> ❸ 쓰기 제1부분의 연습문제는 중국어의 어순에 대한 훈련에 도움을 줄 수 있다.

어구 배열 문제는 HSK 시험의 86-95번에 해당하며, 문제마다 4~5개의 단어 혹은 구 구조가 제시되어 있고 이것들을 잘 배치해 하나의 문장으로 만드는 유형으로, 이 문제 유형에서는 주로 중국어 어순과 관련된 지식을 테스트한다. 따라서 이 부분의 문제를 풀 때는 중국어 어법에 맞으면서 논리적인 관계 또한 적합한지를 생각해야 한다.

특강! 중국어의 특수구문들

중국어의 일반적인 문장유형은 [주어＋술어＋목적어]의 형식이다. 아래에 나올 예는 특수한 문장구조들인데, 응시자는 반드시 다음 특수구문들을 이해하고 활용할 수 있도록 해야 한다. 하나씩 알아보자.

1. '把'자문(처치문)

기본형식은 [주어＋(부사＋)把＋목적어＋술어＋기타성분]이다. '把'자문은 개사 '把'로 구성된 개사구가 술어의 앞에서 부사어 역할을 하게 되는 동사술어문이다. 주의해야 할 사항은 아래와 같다.

① 술어가 되는 동사는 일반적으로 대상(목적어)을 가질 수 있는 동작동사로, 대상(목적어)을 갖는 타동사이다.
  · 他把作业写完了。 그는 숙제를 다 했다.
  → '写'는 술어동사로 목적어 '作业'를 가질 수 있다.

② 사용된 동사의 앞이나 뒤에 반드시 결과나 방식을 나타내는 부가성분이 있어야 한다. 동사는 일반적으로 단독으로 사용되지 않으며, 특히 일음절 동사는 단독으로 나올 수 없고 적어도 동사 중첩형으로 사용해야 한다.
  · 你把这些苹果洗洗。 (✓) 당신은 이 사과들을 좀 씻으세요.
  · 你把这些苹果洗。 (✗)

③ '把'자의 목적어는 보통 명확한 것이거나, 문맥에서 대화하는 두 사람이 정확히 알고 있는 사람 혹은 사물이어야 한다.
  · 他把桌子上的书拿走了。 그가 책상 위의 책을 가져갔어요.

④ 조동사와 부정부사는 일반적으로 '把'자의 앞에 위치한다.
  · 你不能把垃圾丢在操场上。 너는 쓰레기를 운동장에 버리면 안 된다.

2. '被'자문(피동문)

기본형식은 [**주어 + (부사 +) 被/叫/让 + 목적어 + 술어 + 기타성분**]이다. 술어가 되는 동사 앞에 개사 '被/叫/让'을 사용해 동작의 주체를 개사의 목적어로 이끌어내는 동사술어문이다. '被'자문은 목적어(대상의 의미를 가지는 주어)가 '(처리)당함'을 표현하는데, '당함'의 결과는 대개 뜻하지 않음을 나타내는 경향이 있다. 주의해야 할 사항은 아래와 같다.

① 동사는 일반적으로 처리(처치)의 의미를 지니는데, 이는 '把'자문의 동사와 비슷하다. 동사의 뒤에는 보통 보어 혹은 다른 성분이 있고, 간혹 이음절 동사 단독으로 쓰이는 경우도 있는데 이때는 동사 앞에 조동사나 시간어구 등의 부사어가 있어야 한다. 또한 동사는 일반적으로 대상을 가질 수 있는 동작동사이며, 목적어를 가지는 타동사이다.

- 钱包被偷了。 　지갑은 잃어버려졌다.(지갑을 잃어버렸다.)
- ➡ '偷'는 술어동사로 목적어인 '钱包'를 가질 수 있다.

② 사용된 동사의 앞이나 뒤에 반드시 결과나 방식을 나타내는 부가성분이 있어야 한다. 동사는 일반적으로 단독으로 사용되지 않으며, 특히 일음절 동사는 단독으로 나올 수 없고 적어도 동사 뒤에 '了'라도 붙여 줘야 한다.

- 咱们的书叫人卖了。 (✓) 우리의 책은 사람들에 의해 팔렸다.
- 咱们的书叫人卖。 (✗)

③ 목적어는 보통 명확한 것이거나 정확하게 지시된 것, 즉 말하는 화자가 명확하게 가리킨 대상이어야 한다. 따라서 주어에는 '这', '那' 등이 자주 붙는다. 하지만 특정한 문맥에서는 정확히 지시할 필요가 없는 경우도 있다.

- 这本书被他撕破了。 　이 책은 그에 의해 찢겼다.

④ 조동사와 부정부사는 일반적으로 '被/叫/让' 자의 앞에 위치한다.

- 他没有被困难吓倒。 　그는 고난에 의해 넘어지지 않았다.

⑤ 어떤 '被'자문은 '被' 자 뒤에 주어(행위자)가 출현하지 않을 수도 있다.

- 很多名胜古迹被保存下来。 　많은 명승고적은 보존되어진다.

3. 연동문

연동문은 두 개 혹은 두 개 이상의 동사나 동사구가 술어의 역할을 맡는 문장을 말하며, 보통 동작행위의 목적·결과·방식 등을 표현한다. 연동문 문제는 동사 혹은 동사구 간의 관계를 기반으로 어떤 동사나 구가 먼저 오고 나중에 와야 하는지를 묻는 것이 대부분으로, 따라서 술어가 되는 동사의 선후관계가 변하면 구조와 의미 또한 변하게 된다. 이 밖에 주의해야 할 사항은 아래와 같다.

① 연동문의 첫 번째 동사가 '有'인 경우, '有'의 뒤에는 반드시 목적어가 있어야 한다. 또한 두 번째 동사는 '有'의 목적어의 쓰임(용도)을 보충 설명하는 경우가 많다.

- 我有时间去你那儿。 　너에게 갈 시간이 있다.

② '来', '去' 같은 동사를 제외하고 첫 번째 동사는 단독으로 사용되지 않는다. '来', '去' 같은 동사는 목적어가 꼭 오지 않아도 된다.

- 我来超市买东西。　나는 마트에 와서 물건을 산다.(나는 물건을 사러 마트에 온다.)
- 我去锻炼。　나는 가서 단련한다.(나는 단련하러 간다.)

③ 연동문에서 동작이 이미 완성되었음을 표현하고자 할 때는, 동태조사 '了'를 두 번째 동사의 뒤 혹은 문장의 맨 끝에 붙여 준다. 첫 번째 동사의 뒤에 붙여서는 안 된다.

- 父亲去公司做报告了。（✓）아버지는 회사에 가서 보고를 하셨다.
- 父亲去公司做了报告。（✓）
- 父亲去了公司做报告。（✗）

④ 연동문의 부정은 부정부사('不/没(有)')를 첫 번째 술어동사의 앞에 붙여야지 두 번째 동사의 앞에 붙이면 안 된다.

- 我下午不去打球。（✓）나는 오후에 공치러 가지 않는다.
- 我下午去不打球。（✗）
- 我没(有)哥哥在银行工作。（✓）나는 은행에서 일하는 형(오빠)이 없다.
- 我有哥哥没在银行工作。（✗）

4. 겸어문

동목구(동사 + 목적어)와 주술구(주어 + 술어)가 겹쳐진 구조가 술어가 되는 문장을 겸어문이라고 한다. 겸어문의 가장 큰 특징은 두 개의 동사구로 구성되어 있다는 점인데, 첫 번째 동사의 목적어가 두 번째 동사의 주어가 되는 문장이다. 따라서 동목관계와 주술관계를 명확히 하는 것이 관건이다. 또한 첫 번째 동사의 목적어이면서 두 번째 동사의 주어가 되는 단어 즉 겸어를 찾아내는 것이 중요하다.

- 老师让我做作业。　선생님께서 내게 숙제를 하라고 하셨다.
- 我明天请你吃晚饭。　내가 내일 네게 저녁밥을 살게.
- 那件事情使他很难过。　그 일은 그를 매우 괴롭게 만들었다(했다).

겸어문에서 주의해야 할 사항은 아래와 같다.

① 겸어문의 상징(표지)이 되는 동사들을 기억해 둬야 한다. 이렇게 하면 시험을 볼 때 빠른 판단에 도움이 된다. 겸어문의 상징이 되는 동사는 '使', '让', '羡慕', '爱', '感谢', '叫', '称', '有', '没有' 등이 있다.

② 겸어문의 특징을 잘 기억해 두고 먼저 첫 번째 동사의 목적어이면서 두 번째 동사의 주어가 되는 단어를 찾아낸다. 여기서 핵심 동사를 파악하여 이것들의 결합이 타당한지 판단하도록 한다. 예를 들어 동사와 목적어·주어와 술어의 조합을 살펴보는 것인데, '干活儿 舅舅 叫 去 厨房 我'의 문제에서는 쉽게 '舅舅叫我'와 '我去厨房干活儿/舅舅去厨房干活儿'의 조합을 찾아낼 수 있다.

5. 이중목적어문(쌍빈어문)

사람이나 사물을 가리키는 두 가지의 목적어를 가지는 문장을 이중목적어문이라 한다. 두 개의 목적어는 의미상 앞의 목적어가 사람을 가리키고(간접목적어), 뒤의 목적어가 사물을 가리킨다(직접목적어). 이 밖에 주의해야 할 사항은 아래와 같다.

① 모든 동사가 이중목적어를 가질 수 있는 것은 아니다. 일부 소수의 타동사들이 이중목적어를 가지는데, '借', '给', '教', '叫', '还', '送', '告诉' 등의 동사가 그것이다. 이러한 동사들은 '제공', '수취', '문의', '부름' 등의 의미를 지니고 있다.

- 图书馆给王老师两本书。　도서관에서 왕 선생님께 두 권의 책을 주었다.
- 他请教老师两个问题。　그는 선생님에게 두 가지 문제의 가르침을 청했다.

② 간접목적어는 일반적으로 사람을 지칭하는데, '谁(누구)'를 묻는 문제에 대한 정답이 될 수 있다. 중간에 언어적인 휴지가 없고 대명사나 명사가 오는 경우가 많다. 직접목적어는 일반적으로 사물을 지칭하는데(간혹 사람을 지칭하는 경우도 있음) '什么(무엇)'를 묻는 문제에 대한 정답이 될 수 있다. 앞부분에 언어적인 휴지나 쉼표가 있을 수 있고 일반적으로 구조가 복잡한 편이라 단어·구·복문형식이 오게 된다.

- 大家问他哪个办法好。　모두들 그에게 어떤 방법이 좋은지 물었다.

6. 존현문(존재문)

존현문은 어떤 곳이나 어떤 시간에 누군가 혹은 어떤 사물이 존재하거나 출현 또는 소실됨을 나타내는 문장이다. 기본형식(문형)은 [장소/시간 + 존재동사 + 사람/사물]이다.

존현문은 존재문·출현문·소실문의 세 가지로 나눌 수 있다. 존재를 나타내는 상용동사는 '坐', '站', '睡', '贴', '住', '停', '放', '写', '画' 등이 있고 출현을 나타내는 상용동사는 '进', '来', '出', '起', '出现' 등이 있다. 소실을 나타내는 상용동사는 '丢', '掉', '死', '走', '消失' 등이 있다(어떤 동사는 '过'를 부가해 소실의 의미를 나타낼 수 있다). 이 밖에 주의해야 할 사항은 아래와 같다.

① 존현문의 구조는 [장소 + 존재동사 + 사람/사물]이다. 이 성분들이 모두 갖춰졌는지 반드시 확인하고 빠진 단어가 있는지 살펴야 한다.

- 酒店里住进了一位总统。　호텔에 대통령 한 분이 묵었다.

② 존현문의 술어 부분은 일반적으로 [동사 + 着/过/了]이거나 '有'자문, '是'자문이다. 문제 중에 누락되거나 잘못 쓴 부분이 있는지 주의해 살펴야 한다.

- 这个农场夜里丢了几只羊。　이 농장에서는 밤에 양 몇 마리를 잃어버렸다.

③ 존현문의 부정형식은 술어가 되는 동사의 앞에 '没(有)'를 쓰는 것이다. 다만 가정이나 불허 혹은 준비가 되지 않은 상황일 경우, 술어동사의 앞에 '不'나 조동사를 쓸 수 있다.

- 学校旁边没有银行。　학교 옆에는 은행이 없다.
- 医院门口不能停车。　병원 입구에는 주차하면 안 된다.

7. 비교문('比'자문, 비교구문)

비교문은 비교의미의 단어가 있거나 비교구문을 가진 문장을 가리키는 말이다. 비교문의 일반적인 문장구조는 [A + 跟 + B + 一样/不一样]과 [A + 比 + B…]가 있다. 부정형식은 [A + 没有 + B…]와 [A + 不如 + B…]가 있다. 비교문 문제를 풀 때 참고해야 할 사항은 아래와 같다.

① 비교문에서 정도를 나타내는 단어는 일반적으로 형용사의 뒤에 놓여 보충설명을 하는 역할을 하기 때문에 형용사의 앞에 위치할 수 없다.
- 这家店的鞭炮比那家店的便宜很多。　이 가게의 폭죽은 저 가게보다 훨씬 싸다.
- ➡ '很多'는 '便宜'의 뒤에서 보충설명을 하고 있다.

② 비교문에서 비교를 당하는 성분의 중심어는 일반적으로 생략이 가능하다. 따라서 문제를 풀 때 중심어가 비교항목의 뒤에 위치한다는 것을 기억해, 비교 당하는 성분의 뒤에 놓지 않도록 주의한다.
- 北京的人口比成都的多很多。　베이징의 인구는 청두보다 아주 많다.
- ➡ 비교당하는 항목인 '成都(的)'의 뒤에는 중심어인 '人口'가 생략되어 있다.

③ '没'자 비교문과 '不如'비교문에 유의한다.
- 她没有你好。　그녀는 너만큼 좋지 못하다. (네가 좋다.)
- 她不如你好。　그녀는 너만큼 좋지 못하다. (네가 좋다.)

8. '是'자문(판단문)

'是'를 술어동사로 삼아 판단·존재·동등·분류(구별) 등을 나타내는 문장을 '是'자문이라고 한다. 주의해야 할 사항은 아래와 같다.

① 부정형식은 '不是'만 사용할 수 있다. '是不'의 형식은 사용하지 않는다.
- 那位专家不是北京人。(✓) 그 전문가는 베이징사람이 아니다.
- 那位专家是不北京人。(✗)

② 다양한 종류의 품사(명사·대명사·동사·형용사·수사 등)와 구(수량구·연합구·동목구·수식구 등)가 모두 '是'자문의 주어와 목적어의 역할을 할 수 있다.
- 老师是外地人。　선생님은 외지인이다.
- 北极熊是生活在北极的动物。　북극곰은 북극에서 생활하는 동물이다.
- 大卫的特长是唱歌和跳舞。　데이빗의 특기는 노래와 춤이다.
- 唱京剧是他的爱好。　경극을 부르는(공연하는) 것은 그의 취미이다.

9. '有'자문

'有'를 술어동사로 삼아 소유·존재·포괄·열거(나열) 등을 나타내는 문장을 '有'자문이라고 한다. 주의해야 할 사항은 아래와 같다.

① 술어동사인 '有'의 부정형식은 '没(有)'만 사용할 수 있다. '有没', '不有'의 형식은 사용하지 않는다.

· 这个学校没有游泳馆。(✔) 이 학교는 수영장이 없다.

· 这个学校不有游泳馆。(✘)

② 다양한 종류의 품사(명사·대명사·동사·형용사·수사 등)와 구(수량구·연합구·동목구·수식구 등)가 모두 '有'자문의 주어와 목적어의 역할을 할 수 있다.

· 小李和小王都有一辆宝马车。 샤오리와 샤오왕은 모두 BMW 차 한 대를 가지고 있다.

· 这本书里有他的文章。 이 책에는 그의 글이 있다.

② 문제풀이 테크닉

1. 먼저 문장의 주요 성분(주어·술어·목적어)을 배열(조합)한다. 즉 '누가 어떤 일을 한다(什么人做什么事)'나 '무엇이 어떻게 되었다(什么怎么样)' 등이 그것이다. 그러고 나서 부가성분(관형어·부사어·보어)을 보충해 주면 된다. 어떤 문장의 주어는 구 형식인 경우도 있고, 어떤 문장은 형용사·부사·시간/장소명사 등을 부사어로 사용하기도 한다. 일반적으로 자주 사용되는 구 혹은 고정격식 등을 먼저 조합해 놓으면 혼동되는 것을 방지할 수 있다. 가장 큰 원칙은 쉬운 것을 먼저, 어려운 것을 나중에 푸는 것이다.

예제 1

| 经历了 | 开心的 | 我 | 一段 | 旅程 |

해설 정답은 [我经历了一段开心的旅程。]이다.
'经历了'는 동사구, '开心'은 형용사, '我'는 대명사, '一段'은 수량구, '旅程'은 명사이다. 먼저 문장의 큰 뼈대인 '我(주어)经历了(술어)旅程(목적어)'을 배열한다. '一段…旅程'은 자주 사용되는 격식이고, '开心的'는 명사인 '旅程'의 앞에서 관형어를 구성한다. 부가성분을 보충하고 나면 '我经历了一段开心的旅程。'이라는 문장이 완성된다.

예제 2

| 学会 | 拒绝 | 一门 | 是 | 学问 |

해설 정답은 [学会拒绝是一门学问。]이다.
'学会'는 동사구, '拒绝'은 동사, '一门'은 수량구, '是'는 동사, '学问'은 명사이다. '一门学问'은 자주 사용되는 격식이다. 이 문장에서는 동사구인 '学会拒绝'가 문장의 주어 역할을 담당한다. '是'는 일반적으로 술어의 역할을 하게 되므로 '学会拒绝是一门学问。'이라는 문장이 완성된다.

2. 특수구문의 경우, 상징적인(특징적인) 단어에 표기를 해 두면 좋은데 '把', '被', '让' 등이 대표적인 단어들이다. 이들 구문의 특징에 근거해 단어의 순서를 정하면 되고, 부사는 일반적으로 이들 단어의 앞에 위치한다는 것에 주의하자.

예제 1

| 这个问题 | 被 | 已经 | 他 | 顺利解决 |

해설 정답은 [这个问题已经被他顺利解决。]이다.
'被'자문의 기본형식(문형)은 [주어＋被＋명사(보통은 사람)＋동사＋보어]이다. '这个问题'는 주어가 될 수 있고, '顺利解决'는 동사구, '已经'은 '被'의 앞에 와야 한다.

他	把屋里	不一会儿	就	收拾干净了

해설 정답은 [他不一会儿就把屋里收拾干净了。]이다.
'把'자문의 기본형식(문형)은 [주어＋把＋명사＋동사(＋得)＋보어]이다. '就'가 '把'의 앞에 온다는 것에 주의하자. '不一会儿'은 시간을 나타내는 표현이므로 '就'의 앞에 와야 하고, '收拾干净'은 동사구이다.

3. 일부 어기를 나타내는 단어, 예를 들면 '吗', '呢', '啊', '呀', '嘛', '吧', '了' 등과 같은 단어에 주의한다. 이러한 단어는 정답 문장이 평서문인지 의문문인지 아니면 감탄문인지를 나타내준다. '难道', '什么', '怎么', '哪' 등과 같은 단어는 의문문의 맨 앞이나 주어의 뒤에 올 수 있고, '吗', '呢', '啊', '呀', '嘛', '吧', '了'와 같은 어기조사들은 문장의 맨 끝에 위치한다. 문장의 배열을 끝내고 나서는 구두점에 유의해야 한다.

예제 1

理解	没有	那个	小伙子	难道

해설 정답은 [难道那个小伙子没有理解？ / 那个小伙子难道没有理解？]이다.
'理解'는 동사이고 '没有'는 이 문장에서 부사로서 부사어 역할을 하기 때문에 동사 '理解'의 앞에 둔다. '那个'의 뒤에는 '小伙子'를 붙이고, '难道'는 문장의 맨 앞이나 주어 '那个小伙子'의 뒤에 올 수 있다.

예제 2

吧	应该	是	他	怀疑	警察

해설 정답은 [警察应该怀疑是他吧。 / 警察应该是怀疑他吧。]이다.
'吧'는 어기조사이므로 문장의 맨 끝에 위치한다. '应该'는 조동사로, 뒤에 동사인 '怀疑'나 '是'를 붙일 수 있다.

4. 어떠한 유형의 어순배열 문제든 가장 중요한 것은 바로 문장의 '술어'를 찾아내는 것이다. 술어를 중심에 놓고 그에 대한 주어와 목적어를 배치한 뒤, 이들 중심성분을 꾸며주는 수식성분(부사어, 보어, 관형어)을 의미에 맞게 넣어 주는 방식으로 문제를 풀어야 한다. 따라서 문장의 술어가 잘 되는 품사(동사, 형용사)들은 반드시 단어의 의미와 함께 품사를 숙지하도록 한다.

연습문제 30문항

쓰기 제1부분 연습문제를 문제풀이 가이드와 테크닉, 중국어 특수구문에 대한 내용을 잘 숙지하여 집중해 풀어 보자. 한 번에 풀기보다는 실제 시험처럼 10문항씩 3회차로 나누어 풀 것을 권장한다.

第1—30题：完成句子。

1. 他　　干净了　　把屋里　　不一会儿就　　收拾

2. 解释　　请你　　迟到　　一下　　的原因

3. 我为　　我的父母　　感到　　骄傲

4. 这个问题　　被　　他　　已经　　顺利解决了

5. 中国　　京剧　　是　　很重要的　　传统文化

6. 拒绝　　是　　一门　　学问

7. 电影　　看　　我第一次　　那么　　精彩的

8. 接受　　别人的　　我们要　　批评

9. 她　　生活得　　每天　　快快乐乐的　　都

10. 生活　　来说　　不轻松　　对每个人　　都

11. 这家　　免费早餐　　提供　　酒店

12. 是谁　　无论　　学校纪律　　都要　　遵守

13. 把　　告诉我　　你能　　你的邮箱　　吗

14. 去参加　　请假　　哥哥的婚礼　　我打算

15. 银行的　　他　　非常熟悉　　工作流程　　对

16. 很准确　　虽然　　发音　　他是外国人　　但

17. 现代社会的　　已经成为　　儿童肥胖　　一大问题

18. 吗　　请问　　工作经验　　你有　　相关的

19. 被调查　　对面的商店　　正在　　卫生问题　　因为

20. 来得及　　动作　　还　　快点儿

21. 这个演讲　　已经　　打算放弃　　我本来　　了

22. 毫无　　彼此　　之间　　共同点　　他们

23. 你相信自己　　如果　　你就　　能够成功　　一定能成功

24. 有礼貌　　任何　　我们都要　　时候

25. 城市里的　　郊区空气　　清新　　比

26. 呈现　　趋势　　肥胖人数　　上升　　我国儿童

27. 我在网上　　就能到　　三天　　左右　　买的书

28. 既然你　　就该　　知道错了　　向他道歉

29. 重要　　很多时候　　并不　　别人的看法

30. 一点一滴的　　工作经验　　积累　　需要

정답은 부록에서 확인할 수 있습니다.
해설은 해설집 PDF 74p에 있습니다.

1 문제풀이 가이드

쓰기 제2부분은 사진을 보고 단어를 사용해 문장을 만드는 유형으로, 실제 HSK 시험에서 이 부분은 모두 5문제이다. 이 부분의 문제는 문제로 제시된 사진과 단어를 조합하여 하나의 문장을 써내는 능력을 필요로 한다.

→ 예를 들어 96번 문제를 살펴보자:

钥匙

사진에 열쇠(钥匙)가 있으므로, 일상생활의 경험과 결부시킬 수 있다. 열쇠로 문을 열거나, 잃어버리거나, 어딘가에 두고 오는 상황을 표현할 수 있다. 모범답안은 [我把钥匙弄丢了。]이다.

작문 부분에서 많은 연습문제를 풀어 보는 것은 응시생이 어순에 맞는 문장을 써내는 규범을 연습하고, 이를 통해 작문 능력을 향상시키는 데 도움이 된다. 연습문제를 푸는 과정에서 응시자는 자신이 자주 사용하는 문형을 사용하게 되는데(예를 들면 '把'자문), 이는 오답률을 감소시키는 역할을 하게 될 것이다.

쓰기 제2부분의 답을 찾는 연습을 할 때 중요한 것은 다음과 같다:

❶ 먼저 제시된 단어의 품사와 의미를 파악한다. 제시된 단어가 동사나 형용사라면 문장의 술어로, 명사라면 주어나 목적어로 사용하도록 한다.

❷ 제시된 사진을 살펴본다. 사진에 인물이 나왔다면 남자[他, 男的]인지 여자[她, 女的]인지, 어른[大人, 老人]인지 아이[孩子, 男孩儿, 女孩儿] 등을 살펴본 후 어떤 동작을 하는지 파악한다.

❸ 제시된 사진에 사물만 나와 있다면, 그 사물의 이름과 사진 속 상황 등을 이용해 작문한다.

Tip

사진을 보고 단어를 사용해 작문하는 문제는 HSK 시험의 96-100번에 해당하며, 응시자는 먼저 사진에 내포된 의미를 이해하고, 그런 다음 이를 기반으로 제시된 단어를 활용해 문장을 만들게 된다.

2 문제풀이 테크닉

1. 단어를 살펴보고 <mark>단어의 의미와 품사를 확인한</mark> 다음 사진과 <mark>연결해 판단한다.</mark>

예제 1

练习

해설 ▶ 모범답안은 [他在练习使用筷子。]이다.
사진에 젓가락(筷子)이 있고 어떤 사람이 젓가락으로 물건을 집고 있으며 단어는 '练习(연습하다)'이므로, 일상생활의 경험과 결부시킬 수 있다. 나이프나 포크 혹은 젓가락을 사용해 밥을 먹으려면 연습이 필요함을 알 수 있다.

예제 2

锻炼

해설 ▶ 모범답안은 [我爷爷每天坚持锻炼身体。]이다.
사진에 나이 많은 남성(老人)이 신체를 단련(锻炼)하고 있고 단어는 '锻炼(단련하다)'이므로, 사진의 정보와 결부시켜 표현한다.

2. 문장은 되도록 간결해야 하고, 너무 길게 쓰지 않도록 한다. 사용 가능한 어휘들로 사진의 의미를 표현하면 된다.

衣服

모범문장: 我想买这件衣服。(✓)
복잡한 문장: 我在网上买了一件衣服，但是我不太喜欢，颜色也不好看，所以明天
我打算退款。(✕)

3. 특수구문(예를 들면 '把'자문)을 적절히 활용한다. 부사나 형용사 등도 적절히 사용하거나 4급 어휘는 아니더라도 알고 있는 비교적 고급어휘를 사용해 보아도 좋다. 단, 사진과 단어의 의미를 표현함과 동시에, 어법적인 정확성 또한 챙겨야 할 것이다.

擦

모범문장: 妈妈把桌子擦干净了。 ➡ 특수구문 사용

长城

기본문장: 我没去过长城。

모범문장: 我从来没去过长城。 ➡ 부사 추가

面条

기본문장: 这碗面条味道很好。

모범문장: 这碗面条味道太棒了/很不错/真好。 ➡ 형용사 교체

4. 글씨체는 또박또박, 깔끔하도록 노력해 써야 한다. 답안지 작성이 깔끔하다면 필기 점수 또한 높아질 것이다. 시간과 글자 수를 잘 운용하여 문장을 완성한 후 어법적인 실수는 없는지, 한 자가 틀리지는 않았는지, 구두점이 적합한지 등을 검토한다.

쓰기

쓰기 제2부분 실전 문제 15개를 위의 문제풀이 가이드와 테크닉을 잘 숙지하여 집중해 풀어
보자. 한 번에 풀기보다는 실제 시험처럼 5문항씩 3회차로 나누어 풀 것을 권장한다.

第1—15 题：看图，用词造句。

1.

顾客

2.

租

3.

美丽

4.

商量

5.

热闹

6.

祝贺

7.

景点

8.

记者

9.

戴

10.

乘坐

11.

竞争

12.

付款

13.

郊区

14.

货物

15.

打扮

정답은 부록에서 확인할 수 있습니다.
해설은 해설집 PDF 80p에 있습니다.

쓰기

PART

2

HSK
실전 모의고사
1회

汉语水平考试
HSK（四级）
模拟试题（一）

注意

一、 HSK（四级）分三部分：

　　1. 听力（45题，约30分钟）

　　2. 阅读（40题，40分钟）

　　3. 书写（15题，25分钟）

二、 听力结束后，有5分钟填写答题卡。

三、 全部考试约105分钟（含考生填写个人信息时间5分钟）。

一、听 力

第一部分

第1-10题：判断对错。

例如：我想去办个信用卡，今天下午你有时间吗？陪我去一趟银行？

    ★ 他打算下午去银行。 　　　　　　　　　　(✓)

       现在我很少看电视，其中一个原因是，广告太多了，不管什么时间，也不管什么节目，只要你打开电视，总能看到那么多的广告，浪费我的时间。

    ★ 他喜欢看电视广告。 　　　　　　　　　　(✕)

1. ★ 他们明天走不了了。 　　　　　　　　　　(　)

2. ★ 现在已经暖和了。 　　　　　　　　　　(　)

3. ★ 他从小在北京长大。 　　　　　　　　　　(　)

4. ★ 王丽的妹妹是老师。 　　　　　　　　　　(　)

5. ★ 他在父母家住了三天。 　　　　　　　　　　(　)

6. ★ 他现在没有朋友。 　　　　　　　　　　(　)

7. ★ 偏远山区有很多孩子没有钱读书。 　　　　　　(　)

8. ★ 中国的公交车上有老人和孩子的专座。 　　　　(　)

9. ★ 冬天的衣服很便宜。 　　　　　　　　　　(　)

10. ★ 他迟到了。 　　　　　　　　　　(　)

第二部分

第11-25题：请选出正确答案。

例如：女：该加油了，去机场的路上有加油站吗？
　　　男：有，你放心吧。
　　　问：男的主要是什么意思？

　　　A 去机场　　　　B 快到了　　　　C 油是满的　　　　D 有加油站 ✓

11. A 打网球　　　　B 打篮球　　　　C 游泳　　　　D 跑步

12. A 五天　　　　　B 七天　　　　　C 八天　　　　D 十天

13. A 宿舍　　　　　B 图书馆　　　　C 别的教室　　　D 上课的教室

14. A 做饭　　　　　B 洗衣服　　　　C 打扫卫生　　　D 去公园

15. A 同事　　　　　B 朋友　　　　　C 父女　　　　D 恋人

16. A 周一　　　　　B 周二　　　　　C 周六　　　　D 周日

17. A 最新款的　　　B 适合爬山的　　C 用料好的　　D 好看的

18. A 两本　　　　　B 三本　　　　　C 六本　　　　D 七本

19. A 菜不多了　　　B 菜不好吃　　　C 关门了　　　D 想去外面吃

20. A 不顺利　　　　B 没解决问题　　C 问题太多　　D 对工作有帮助

21. A 生病了　　　　B 父亲生病了　　C 工作不好　　D 回国工作

22. A 汉语很好　　　　　　　　B 来中国三个月了
　　C 学汉语两年了　　　　　　D 以前学过汉语

23. A 买东西　　　B 看朋友　　　C 去上课　　　D 陪父母

24. A 存钱　　　　B 取钱　　　　C 办卡　　　　D 交费

25. A 工作很忙　　　　　　　　B 工资很高
　　C 不喜欢自己的工作　　　　D 开车上班

第三部分

第26-45题：请选出正确答案。

例如：男：把这个材料复印5份，一会儿拿到会议室发给大家。

女：好的。会议是下午三点吗？

男：改了。三点半，推迟了半个小时。

女：好，602会议室没变吧？

男：对，没变。

问：会议几点开始？

A 两点　　　　　B 三点　　　　　C 15：30 ✓　　　D 18：00

26.　A 今天早上　　B 今天晚上　　C 明天早上　　D 明天晚上

27.　A 中国　　　　B 美国　　　　C 韩国　　　　D 加拿大

28.　A 今年春天　　B 今年夏天　　C 明年春天　　D 明年夏天

29.　A 车坏了　　　B 生病了　　　C 买不到票　　D 路上太堵

30.　A 17：15　　　B 17：30　　　C 17：35　　　D 17：45

31.　A 看电影　　　B 回父母家　　C 加班　　　　D 休息

32.　A 6块　　　　B 7.5块　　　　C 12.5块　　　D 75块

33.　A 七个　　　　B 八个　　　　C 九个　　　　D 十个

34.　A 身体不好　　B 奶奶去世了　C 奶奶生病了　D 假期太短了

35.　A 下午上课了　B 出去玩儿了　C 非常累　　　D 需要休息

36. A 开会　　　　　B 旅游　　　　　C 学习　　　　　D 应聘

37. A 太累了　　　　B 不想去　　　　C 没时间　　　　D 没有钱

38. A 调节睡眠　　　B 放松情绪　　　C 调节心跳　　　D 调节血液循环

39. A 训练师　　　　B 年轻人　　　　C 老年人　　　　D 了解音乐的人

40. A 书包　　　　　B 羽毛球　　　　C 电脑　　　　　D 钥匙

41. A 书包　　　　　B 电脑　　　　　C 资料　　　　　D 钥匙

42. A 少吃东西　　　B 少睡觉　　　　C 多运动　　　　D 多喝水

43. A 不吃东西　　　B 每天运动　　　C 运动越多越好　D 科学地吃东西

44. A 内向　　　　　B 积极　　　　　C 浪漫　　　　　D 主动

45. A 浪漫　　　　　B 诚实　　　　　C 积极　　　　　D 阳光

二、阅读

第一部分

第46-50题：选词填空。

A 缺少　　B 价格　　C 大约　　D 坚持　　E 共同　　F 困难

例如：他每天都（　D　）走路上下班，所以身体一直很不错。

46. 人最大的（　　　）是认识自己，最容易的也是认识自己。

47. 交通工具是现代生活中不可（　　　）的一部分。

48. 地球是我们（　　　）的家，保护环境就是保护我们自己。

49. 房子的（　　　）一直降不下来，我只好等几年再买了。

50. 我家离火车站只有两站路，走着去（　　　）也就二十分钟。

第51-55题：选词填空。

A 污染   B 主意   C 温度   D 安排   E 照顾   F 决定

例如：A：今天真冷啊，好像白天最高（　C　）才2℃。

B：刚才电视里说明天更冷。

51. A：我要出差几天，你能帮我（　　　）一下我的小狗吗？

B：没问题，你就放心吧。

52. A：今晚不是说好去看电影吗？你怎么改（　　　）了呢？

B：对不起，今天公司有特别重要的事情，今晚实在走不开。

53. A：听说你们搬家了，为什么呀？原来住得不好吗？

B：别提了，原来住的地方旁边建了个工厂，（　　　）太严重了。

54. A：听说你正在准备考博，准备得怎么样了？

B：我不打算考博了，（　　　）找一份工作。

55. A：你什么时候去北京？

B：我打算五月份的时候去，但具体还要看北京那边的（　　　）。

第二部分

第56-65题：排列顺序。

比如：A 可是今天起晚了

B 平时我骑自行车上下班

C 所以就打车来公司了   B A C

56. A 但是我父母不希望他出国

B 他们更希望他能在国内读书

C 我弟弟高中毕业后想出国留学   _____

57. A 当人的心情不好时

B 这时要学会转移注意力

C 就会对任何事情都提不起兴趣   _____

58. A 温度跟北方的春天差不多

B 很多北方人都喜欢在冬天去南方旅游

C 因为南方很多地方的冬天一点儿也不冷   _____

59. A 然而由于种种原因

B 她从小就梦想长大以后当一名医生

C 她没能实现自己的梦想   _____

60. A 阅读能力好的人

B 而且工资往往也比较高

C 不但比较容易找到工作   _____

61. A 如果还有问题，请您随时联系我

　　 B 我对文章的开头和结尾都进行了修改

　　 C 根据您的要求　　　　　　　　　　　　_____

62. A 在中国的生活让他对音乐有了很多新的想法

　　 B 取得了非常好的效果

　　 C 他把中国的京剧增加到自己的音乐中　　　_____

63. A 我得找人来修理一下

　　 B 你还记得咱们家冰箱的保修时间吗

　　 C 咱们家冰箱坏了　　　　　　　　　　　　_____

64. A 以前这个时候，各个旅游景点已经有很多人了

　　 B 由于最近全国降雨

　　 C 今年游客的数量比以前大幅度下降　　　　_____

65. A 它应该是对别人情感的理解与尊重

　　 B 然而同情并不是高高在上的关心

　　 C 同情是最美好的情感之一　　　　　　　　_____

第三部分

第66-85题：请选出正确答案。

例如：她很活泼，说话很有趣，总能给我们带来快乐，我们都很喜欢和她在一起。

  ★ 她是个什么样的人？

  A 幽默 ✓ B 马虎   C 骄傲   D 害羞

66. 我打算毕业以后，先在叔叔的公司里工作一段时间，为将来自己做生意积累一些管理经验。

  ★我打算毕业以后：

  A 做生意 B开公司 C 去公司工作 D 继续学习

67. 这是我第一次和李先生见面，他给我留下了很好的印象。他特别热情，特别友好，看上去很好相处。

  ★李先生是个什么样的人？

  A 浪漫   B直接   C 复杂   D 友善

68. 今天早上天气很好，我骑自行车出门游玩，可是下午突然就开始下雨，我只好冒雨骑回学校。

  ★今天的天气怎么样？

  A 早上下雨 B中午很热 C 下午下雨 D 晚上很冷

69. 一些电影院拒绝观众带任何食品、饮料，人们不得不买电影院卖的东西。很多观众批评这个做法，因为电影院的东西比超市的东西贵多了。

  ★电影院：

  A 电影票很贵   B 买东西的人太多

  C 很多人不喜欢   D 卖的东西太贵

70. 这次篮球比赛，我们已经输了两场了，如果还是找不到解决问题的方法，那么打完下一场，我们就得回家了。

★ 输掉几场篮球比赛就不能继续参加比赛？

A 一场　　　　B 两场　　　　C 三场　　　　D 四场

71. 既然你不喜欢这个专业，那就再考虑一下别的专业吧，趁着还来得及，换个专业学习，反正你父母都不反对。

★ 说话人建议：

A 换个专业　　B 听父母意见　　C 努力学习　　D 换个学校

72. 很多人认为，京剧等艺术形式是老年人喜欢的，年轻人比较喜欢流行音乐和欢快的话剧。实际上很多年轻人也对京剧等传统艺术非常感兴趣。

★ 实际上很多年轻人：

A 不喜欢京剧　　　　　　　　B 只喜欢流行音乐
C 不喜欢话剧　　　　　　　　D 也喜欢京剧

73. 有不少人都喜欢按照流行的标准来穿衣服、打扮自己。其实，是不是流行不重要，真正适合自己的才是最好的。

★ 这段话主要说的是：

A 流行没有标准　　　　　　　B 流行最重要
C 适合自己的才是最好的　　　D 流行的才是合适的

74. 北京的房子价格太贵，许多人把收入的百分之八十都花在房子上面了，平时也不敢买什么东西，生活质量自然不会太高。

★ 有些北京人的生活质量不高是因为：

A 收入太少　　B 不买东西　　C 北京东西太贵　　D 北京房子太贵

75. 在我看来，所有儿童，包括女孩儿，都应该有机会接受教育。人们应该更加重视对儿童的教育，因为他们将是我们国家未来非常重要的一部分。

★ 这段话主要是建议：

A 重视女孩儿　　B 重视儿童　　C 重视儿童教育　　D 重视国家未来

76. 调查资料显示，把商品放在与顾客眼睛平行的位置，可以增加70%的销量。这样的位置也是超市物品摆放的最好位置。第二是齐腰的地方，第三是与膝盖平行的地方。在这些位置摆放的商品利润都比较大。

    ★ 一种商品放在哪个地方销量最高？

        A 与眼睛平行的地方   B 齐腰的地方
        C 与膝盖平行的地方   D 最前边

77. 自己开车的旅游者多为年轻人，他们的学历和收入水平都比较高。网络是他们得到信息的主要渠道，其次为广播电视，亲朋好友的推荐也占了很大的比例。

    ★ 自己开车的旅游者：

        A 都是年轻人   B 收入不高
        C 不相信好友推荐   D 主要通过网络得到信息

78. 快乐是一种态度，和钱的多少没有关系，最有钱的人不一定是最快乐的人。同样，最快乐的人也不一定是最有钱的人。

    ★ 这段话主要想告诉我们：

        A 钱不重要   B 钱很重要   C 钱和快乐无关   D 有钱一定快乐

79. 南半球和北半球的季节正好相反。当北半球到处春暖花开的时候，南半球已经进入凉快的秋天，树叶也开始慢慢地变黄了；当北半球的气温逐渐降低的时候，南半球的天气却开始热起来，人们已经脱掉了厚厚的大衣。

    ★ 北半球是春天的时候，南半球：

        A 也是春天   B 进入冬天   C 开始热起来   D 树叶开始变黄

80-81.

　　整天盯着电脑会导致出现许多症状，包括眼睛干、眼睛痛、头痛等。但是当你的眼睛离开屏幕后，这些症状也会随即消失。如果没有缓解，应该及时去医院。实际上，到目前为止并没有证据证明长时间注视电脑屏幕会造成视力损伤。

　　★ 长时间看电脑屏幕导致出现的症状不包括：

　　　　A 眼睛痛　　　　B 头痛　　　　　C 眼睛干涩　　　　D 视力损伤

　　★ 长时间看电脑屏幕导致出现的症状：

　　　　A 不会消失　　　　　　　　　B 对身体无影响

　　　　C 随着眼睛离开屏幕会消失　　D 会使视力损伤

82-83.

　　飞机很快就要起飞了，现在乘务员将进行安全检查。请您坐好，系好安全带，收起座椅靠背和小桌板。请确认您的手提物品是否妥善安放在头顶上方的行李架内或座椅下方。本次航班全面禁烟，在飞行途中请不要抽烟。

　　★ 手提物品应该：

　　　　A 放在行李架内　B 拿在手里　　C 放在座椅上　　D 放在桌板上

　　★ 飞行过程中不可以：

　　　　A 站起来　　　　B 吸烟　　　　　C 吃东西　　　　D 随意走动

84-85.

　　早餐前应先喝水，人经过一夜睡眠，从尿、皮肤、呼吸中消耗了大量的水分和营养，起床后处于一种生理性缺水状态。如果只吃常规早餐，远远不能补充生理性缺水。因此，早上起来不要急于吃早餐，而应立即喝500-800毫升温开水，既可以补充一夜流失的水分，还可以清理肠道，但不要在吃早餐前喝太多的水。

　　★ 人们起床后：

　　　　A 应该及时吃早餐　　　　　B 应该想办法多喝水

　　　　C 应该清理肠道　　　　　　D 处于缺水状态

　　★ 早餐前喝温开水可以：

　　　　A 清理肠道　　　B 提高精神　　　C 利于消化　　　D 损害健康

三、书写

第一部分

第86-95题：完成句子。

例如：那座桥　　800 年的　　历史　　有　　了

　　　　那座桥有800年的历史了。

86. 你们　　不能　　还　　暂时　　休息

87. 减少污染　　为了　　节约的　　我们应该养成　　习惯

88. 他从来　　理想　　自己的　　没有放弃

89. 这件事情　　每个人对于　　都有　　自己的判断

90. 她最后　　去国外　　选择　　学习　　继续

91. 越来越　　房租最近　　北京的　　贵

92. 富有　　重要　　精神上的　　非常

93. 旅程　　我经历了　　开心的　　一段

94. 科技　　现代　　发展　　非常快速

95. 应该　　保持安静　　观看　　的时候　　演出

第二部分

第96-100题：看图，用词造句。

例如：　　　　　　　　乒乓球　　　<u>他很喜欢打乒乓球。</u>

96.　　　　　　　　寒冷

97.　　　　　　　　杂志

98.　　　　　　　　减肥

99.　　　　　　　　怀疑

100.　　　　　　　　回忆

정답과 듣기 스크립트는 부록에서 확인할 수 있습니다.
해설은 해설집 PDF 87p에 있습니다.

PART

2

HSK
실전 모의고사

2회

汉语水平考试
HSK（四级）
模拟试题（二）

注意

一、　HSK（四级）分三部分：

　　1. 听力（45题，约30分钟）

　　2. 阅读（40题，40分钟）

　　3. 书写（15题，25分钟）

二、　听力结束后，有5分钟填写答题卡。

三、　全部考试约105分钟（含考生填写个人信息时间5分钟）。

一、听 力

第一部分

第1-10题：判断对错。

例如：我想去办个信用卡，今天下午你有时间吗？陪我去一趟银行？

　　★ 他打算下午去银行。　　　　　　　　　　　（ ✓ ）

　　　　现在我很少看电视，其中一个原因是，广告太多了，不管什么时间，也不管什么节目，只要你打开电视，总能看到那么多的广告，浪费我的时间。

　　★ 他喜欢看电视广告。　　　　　　　　　　　（ × ）

1. ★ 制作凉菜的蔬菜要新鲜。　　　　　　　　　（　　）

2. ★ 这个公司招聘业务员没有年龄限制。　　　　（　　）

3. ★ 手机掉到水里后应该先关机。　　　　　　　（　　）

4. ★ 骨折老人增多跟连日雨雪天气有关。　　　　（　　）

5. ★ 现代人离不开手机。　　　　　　　　　　　（　　）

6. ★ 他们明天去故宫玩儿。　　　　　　　　　　（　　）

7. ★ 秋天的蟹最好吃。　　　　　　　　　　　　（　　）

8. ★ 年轻人不适合坐这把椅子。　　　　　　　　（　　）

9. ★ 他只负责参观活动。　　　　　　　　　　　（　　）

10. ★ 他一定要在市中心租房子。　　　　　　　　（　　）

第二部分

第11-25题：请选出正确答案。

例如：女：该加油了，去机场的路上有加油站吗？

男：有，你放心吧。

问：男的主要是什么意思？

A 去机场　　　B 快到了　　　C 油是满的　　　D 有加油站 ✓

11. A 停止报名　　B 减少人数　　C 换大场地　　D 加大宣传

12. A 留在国外　　B 去上海找工作　C 去上海看父母　D 毕业旅行

13. A 机会难得　　　　　　　　B 机会没有错过
    C 男的要抓住机会　　　　　D 机会不适合自己

14. A 同事　　　　B 邻居　　　　C 朋友　　　　D 同学

15. A 没上进心　　B 对自己好　　C 勤劳　　　　D 幽默

16. A 衣服难看　　B 衣服小了　　C 衣服大了　　D 衣服坏了

17. A 参观图书馆　B 出版新书　　C 听演讲　　　D 演讲

18. A 病好了　　　B 没去医院　　C 常常感冒　　D 感冒变重了

19. A 太远了　　　B 不好吃　　　C 不干净　　　D 太贵了

20. A 电视广告　　B 手机新闻　　C 网上广告　　D 报纸广告

21. A 旅游　　　　B 开会　　　　C 考察　　　　D 学习

22. A 温柔　　　　　　B 严肃　　　　　　C 体贴　　　　　　D 乐观

23. A 销售　　　　　　B 歌手　　　　　　C 企业家　　　　　D 钢琴家

24. A 美食　　　　　　B 美景　　　　　　C 文化　　　　　　D 建筑

25. A 电影不好看　　　B 男主角演得好　　C 电影不值得看　　D 女主角演得好

第三部分

第26-45题：请选出正确答案。

例如：男：把这个材料复印5份，一会儿拿到会议室发给大家。

女：好的。会议是下午三点吗？

男：改了。三点半，推迟了半个小时。

女：好，602会议室没变吧？

男：对，没变。

问：会议几点开始？

A 两点　　　　B 三点　　　　C 15：30 ✓　　　D 18：00

26. A 黑色　　　　B 白色　　　　C 蓝色　　　　D 粉色

27. A 方向坐反了　B 做错车了　　C 路上太堵了　D 路程太远了

28. A 咖啡馆　　　B 酒吧　　　　C 新房子　　　D 饭店

29. A 看电影　　　B 去买票　　　C 听演讲　　　D 看演出

30. A 很难　　　　B 很简单　　　C 结果出来了　D 女的没通过

31. A 汉语　　　　B 英语　　　　C 韩语　　　　D 日语

32. A 7：00　　　B 8：00　　　C 9：00　　　D 10：00

33. A 整洁　　　　B 脏乱　　　　C 清新　　　　D 宽敞

34. A 健身房　　　B 公司　　　　C 学校　　　　D 公园

35. A 家里有事　　B 工作太忙　　C 要陪父母　　D 生病住院

36. A 床的大小　　　　B 床的摆设　　　　C 床的高低　　　　D 床的位置

37. A 布娃娃　　　　　B 书　　　　　　　C 抱枕　　　　　　D 手机

38. A 书法家　　　　　B 钢琴家　　　　　C 画家　　　　　　D 设计师

39. A 北京书院　　　　B 北京画院　　　　C 国家博物馆　　　D 故宫博物院

40. A 消化　　　　　　B 体重　　　　　　C 睡眠　　　　　　D 食欲

41. A 运动　　　　　　B 饮食　　　　　　C 生活习惯　　　　D 生活环境

42. A 药物质量　　　　B 药物数量　　　　C 服药方法　　　　D 服药时间

43. A 饭后一小时　　　B 饭后两小时　　　C 饭前一小时　　　D 饭前半小时

44. A 延长营业时间　　B 限制人数　　　　C 增加冰场场地　　D 挑选顾客

45. A 滑冰技巧　　　　B 滑冰人数　　　　C 滑冰时间　　　　D 滑冰方向

二、阅读

第一部分

第46-50题：选词填空。

A 使用　　B 丰富　　C 重点　　D 坚持　　E 复杂　　F 借

例如：他每天都（　D　）走路上下班，所以身体一直很不错。

46. 我认为我们只有找到（　　　　），才能解决问题。

47. 考试期间不能（　　　　）手机，各位同学请把手机关机。

48. 我昨天病了，所以没来上课，能把你的笔记（　　　　）给我看看吗？

49. 这个问题有点儿（　　　　），电话里我说不清楚，我到家再跟你说吧。

50. 北京的夜生活非常（　　　　）。夏天的晚上，人们喜欢在马路上散步，还有人喜欢打牌、聊天儿。

第51-55题：选词填空。

A 压力　　　B 严重　　　C 温度　　　D 细心　　　E 出现　　　F 可惜

例如：A：今天真冷啊，好像白天最高（　C　）才2℃。

B：刚才电视里说明天更冷。

51. A：这次的竞争（　　　）很大，你做好准备了吗？

B：我准备得很充分，完全没有问题。

52. A：小李，真对不起，又要麻烦你，我的电脑又（　　　）问题了。

B：没关系，正好我闲着，可以帮你看看。

53. A：怎么样？那个问题解决了吗？

B：我以为今天能顺利解决，但是情况比我想的（　　　）得多，怎么办
呢？

54. A：昨天下午的演出怎么样？

B：你最喜欢的歌手去了，还唱了好几首歌。你没有去看真是太
（　　　）了！

55. A：这件事让小刘负责怎么样？

B：我觉得挺合适的，他以前做过这个。最重要的是他这个人很
（　　　）。

第二部分

第56-65题：排列顺序。

比如：A 可是今天起晚了

　　　B 平时我骑自行车上下班

　　　C 所以就打车来公司了　　　　　　　　　　　　　B A C

56. A 特别是富含纤维的蔬菜

　　 B 因此，保证充足的蔬菜摄入是控制血糖的重要环节

　　 C 不少食物对控制血糖有辅助作用　　　　　　　_____

57. A 那儿的人可爱极了

　　 B 当地少数民族朋友不仅邀请我们去他们家做客

　　 C 还教我们骑马、唱民歌　　　　　　　　　　_____

58. A 当然，也不要忘了鼓励那些失败的人

　　 B 我们要为那些通过自己努力获得成功的人鼓掌

　　 C 因为无论成功还是失败，努力过的人都应获得掌声　_____

59. A 第一次喝咖啡还是在上中学的时候

　　 B 有时候太困了就喝点儿咖啡提提神

　　 C 那时候每天都学习到很晚　　　　　　　　　_____

60. A 看电脑的时候也觉得看不清楚

　　 B 有时候眼睛会疼

　　 C 他最近一直觉得很累　　　　　　　　　　　_____

61. A 它所讲的道理是一样的

　　B 即选择朋友的重要性

　　C 中国有句老话："近朱者赤，近墨者黑。"　　＿＿＿＿＿＿

62. A 一件非常普通的事情

　　B 他是个幽默的人

　　C 在他嘴里，就变得十分有趣　　＿＿＿＿＿＿

63. A 幸福是一种感觉

　　B 它不取决于人的生活状态

　　C 而取决于人的心态　　＿＿＿＿＿＿

64. A 很多孩子都爱在电脑上玩游戏

　　B 也会影响他们正常的学习和休息

　　C 孩子过多地玩游戏不仅对他们的眼睛不好　　＿＿＿＿＿＿

65. A 和他们之前想的几乎完全相反

　　B 他们不得不改变原来的计划

　　C 最后的市场调查结果　　＿＿＿＿＿＿

第三部分

第66-85题：请选出正确答案。

例如：她很活泼，说话很有趣，总能给我们带来快乐，我们都很喜欢和她在一起。

★ 她是个什么样的人？

A 幽默 ✓　　　　B 马虎　　　　　C 骄傲　　　　　D 害羞

66. 作为中国经济增长的新动力，网络购物的影响力从消费领域扩散到生产、服务领域，与实体经济正在深度融合。

★ 网络购物：

A 影响力大　　　B 服务太差　　　C 增势缓慢　　　D 很受欢迎

67. 感冒由于比较常见，容易被人忽视，实际上，如果治疗不及时，感冒容易引发肺炎、慢性支气管炎等疾病。

★ 感冒：

A 容易治疗　　　B 不易治疗　　　C 易被忽视　　　D 无须治疗

68. 现在火车的速度非常快，有时乘坐火车甚至比乘坐飞机更节约时间，因为一般来说，去火车站的距离比去机场的要近得多。

★ 现在乘坐火车：

A 比飞机快　　　B 比较省时　　　C 非常舒服　　　D 非常安全

69. 老年玩具在益智健脑、丰富老人精神生活方面发挥着重要作用。老年玩具市场尽管前景广阔，但目前在中国仍处于极度匮乏状态。

★ 老年玩具在中国：

A 前景不好　　　B 作用不大　　　C 得到重视　　　D 仍需发展

70. 孩子的不断进步有很多原因，但是家庭教育起着非常重要的作用。父母对孩子的鼓励，可以帮助孩子开发智力，快速地成长。

    ★家庭教育：

    　　A 要多鼓励　　　B要严格　　　　C 作用不大　　　D 要以孩子为主

71. 学习汉语的好方法是多听多说。语言是交流的工具，我们应该多与人交流，而不是仅仅记住字典上的词语。

    ★这段话主要谈的是：

    　　A 多看字典　　　B努力学习　　　C 怎样学汉语　　D 怎样交流

72. 减肥不只是为了美丽，更是为了健康。发胖的主要原因是人的活动量少，吃得多，所以正确的减肥方法是增加运动量，而不是饿肚子。

    ★减肥应该：

    　　A 吃减肥药　　　B常运动　　　　C 饿肚子　　　　D 多吃水果

73. 音乐对于人类来说十分重要。音乐不仅是一种娱乐方式，还是人类本能的体现。音乐是一个民族文化的重要组成部分，它体现了一个民族的特性。

    ★音乐：

    　　A 不是必需的　　B 只是娱乐方式　C 体现民族文化　D 要后天学习

74. 中国已经进入老龄化社会，丧偶老人成为一个不可忽视的社会群体。为了寻找心理上的安慰和精神上的陪伴，80%的丧偶老人有再找一个老伴儿的愿望，"黄昏恋"越来越被这个社会认可。

    ★"黄昏恋"：

    　　A 不太多见　　　　　　　　　　B 是老年人的恋爱
    　　C 是黄昏时谈恋爱　　　　　　　D 不被认可

75. 这双鞋子是我刚从网上买的，颜色漂亮，样子也大方，穿在脚上特别舒服，我真是越看越喜欢，朋友们见了也都说鞋子好，说也要去买一双。

    ★鞋子：

    　　A 受朋友欢迎　　B在商店买的　　C 非常流行　　　D 颜色鲜艳

76. "脚尖步"就是抬起脚后跟，只用脚尖走路。这样会比平常走路消耗更多的能量，也可活动平常很少活动的脚趾关节，促进脚部血液循环，进而促进全身的血液循环。

★ "脚尖步"的好处不包括：

A 消耗更多能量　　　　　　B 活动脚趾关节

C 促进血液循环　　　　　　D 提升瘦身效果

77. 我们的杯子来自日本，外形和颜色都很漂亮，最重要的是保温效果特别好，您上午倒热水进去，到第二天早上这水还是热的，差不多24 小时保温。

★ 杯子最大的优势是：

A 外形很漂亮　　　B颜色很鲜艳　　　C 价格很便宜　　　D 保温效果好

78. 持续一周的雾霾让绿萝、常青藤等绿植的销量明显增加。一位店主介绍，上述植物价格便宜，而且净化空气的作用明显，十分适宜居民摆放在屋内。

★ 绿萝、常青藤等植物：

A 价格昂贵　　　　　　　　B 不宜放在室内

C 可净化空气　　　　　　　D 不受欢迎

79. 手机可以帮助我们处理很多事情，我们每个人都离不开手机。它不再仅仅是打电话的工具，除了打电话，手机还可以看书、打游戏、聊天儿、听音乐、看电影、照相等，真的是"没有做不到，只有想不到"。

★ 手机的功能不包括：

A 打游戏　　　　B照相　　　　　C 减轻压力　　　D 听音乐

80-81.

中国自古以来就是一个多民族国家，有56个民族。与汉族相比，其他民族的人口比较少，习惯上叫作"少数民族"，其中壮族的人口最多。每个民族都有不同的习惯和文化，许多民族都有自己的语言和文字。

★中国人口最多的民族是：

A 壮族　　　　　B 汉族　　　　　C 回族　　　　　D 苗族

★关于少数民族，下列说法正确的是：

A 人口很少　　　　　　　　　B 都有自己的文字
C 都有自己的语言　　　　　　D 有不同的文化

82-83.

昨天，中国人民银行正式发行2015年版第五套人民币100元纸币。据了解，新版人民币百元钞在保持2005年版百元纸币规格、正背面主图案、主色调、"中国人民银行"行名等不变的前提下，对部分图案进行了调整，对整体防伪性能进行了提升。

★2015年版人民币是针对哪年发行的人民币做的改进？

A 2000年　　　　B 2005年　　　　C 2010年　　　　D 2015年

★2015年版第五套人民币改进了：

A 纸币规格　　　　B 正面图案　　　　C 防伪性能　　　　D 背面图案

84-85.

衰老体现在眼睛上，就是"老花"。"老花"是正常人到了一定年龄后，随着眼睛的调节能力的衰退，逐渐产生近距离阅读困难。常见的"老花"症状为阅读时出现疲劳，拿远才能看清，阅读耐力下降。患者同时会出现眼酸、眼皮跳、眼痛等症状。"老花"属于生理现象，人人都会"老花"，无法避免，只是因人而异，发生的时间早晚不同而已。

★"老花"的症状不包括：

A 远距离阅读困难　　　　　　B 阅读耐力下降
C 眼皮跳　　　　　　　　　　D 眼痛

★关于"老花"，下列说法正确的是：

A 可以预防　　　B 是心理现象　　　C 是疾病的一种　　D 是衰老的体现

三、书写

第一部分

第86-95题：完成句子。

例如：那座桥　　800年的　　历史　　有　　了

　　　　那座桥有800年的历史了。

86. 停止　　　违反法律的　　　请马上　　　行为

87. 专门　　　这方面的书　　　有人　　　甚至　　　写过

88. 许多机会　　　将失去　　　沟通　　　不善于

89. 捡到　　　请跟我　　　包和衣服　　　的同学　　　联系

90. 会增强　　　适当的　　　自信心　　　鼓励　　　孩子的

91. 我们　　　投入广告　　　在电视上　　　可以选择

92. 先看清　　　之前　　　药效　　　一定要　　　吃感冒药

93. 要注意　　　玩游戏的　　　孩子　　　时间长短　　　家长

94. 更好的　　　都想　　　每个人　　　生活　　　追求

95. 考虑一下　　　晚上　　　给您　　　答复　　　我

第二部分

第96-100题：看图，用词造句。

例如： 乒乓球 <u>他很喜欢打乒乓球。</u>

96. 修理

97. 钥匙

98. 意见

99. 预习

100. 质量

정답과 듣기 스크립트는 부록에서 확인할 수 있습니다.
해설은 해설집 PDF 117p에 있습니다.

PART
2

HSK
실전 모의고사
3회

汉语水平考试
HSK（四级）
模拟试题（三）

注意

一、　HSK（四级）分三部分：

　　1. 听力（45题，约30分钟）

　　2. 阅读（40题，40分钟）

　　3. 书写（15题，25分钟）

二、　听力结束后，有5分钟填写答题卡。

三、　全部考试约105分钟（含考生填写个人信息时间5分钟）。

一、听 力

第 一 部 分

第 1-10 题：判断对错。

例如：我想去办个信用卡，今天下午你有时间吗? 陪我去一趟银行?

★ 他打算下午去银行。　　　　　　　　　　　　(✓)

现在我很少看电视，其中一个原因是，广告太多了，不管什么时间，也不管什么节目，只要你打开电视，总能看到那么多的广告，浪费我的时间。

★ 他喜欢看电视广告。　　　　　　　　　　　　(✗)

1. ★ 爱的方式不止一种。　　　　　　　　　　　　(　　)

2. ★ 家长重视孩子在3－6岁时的教育。　　　　　　(　　)

3. ★ 他会游泳。　　　　　　　　　　　　　　　　(　　)

4. ★ 小李能按时到达。　　　　　　　　　　　　　(　　)

5. ★ 这本书适合初学者。　　　　　　　　　　　　(　　)

6. ★ 人人都适合吃素。　　　　　　　　　　　　　(　　)

7. ★ 他放弃了旅游，因为没有钱。　　　　　　　　(　　)

8. ★ 人们节水意识很强。　　　　　　　　　　　　(　　)

9. ★ 视觉疲劳不能消除。　　　　　　　　　　　　(　　)

10. ★ 他要重新填写申请表。　　　　　　　　　　　(　　)

第二部分

第11-25题：请选出正确答案。

例如：女：该加油了，去机场的路上有加油站吗？

男：有，你放心吧。

问：男的主要是什么意思？

A 去机场　　　B 快到了　　　C 油是满的　　　D 有加油站 ✓

11. A 被车撞了　　B 钱包丢了　　C 书包丢了　　D 车坏了

12. A 阅读　　　B 写作　　　C 口语　　　D 听力

13. A 太旧了　　B 太远了　　C 太吵了　　D 太小了

14. A 当老师　　B 做生意　　C 管理公司　　D 教学设计

15. A 逛街　　　B 收拾行李　　C 买防晒霜　　D 旅游

16. A 他自己　　B 他妻子　　C 他父母　　D 他妹妹

17. A 迟到了　　B 工作不合适　　C 没带简历　　D 招聘会取消了

18. A 改时间了　　B 改地点了　　C 取消了　　D 经理不参加

19. A 两天　　　B 一个星期　　C 半个月　　D 一个月

20. A 回家　　　B 办身份证　　C 上飞机　　D 改签机票

21. A 去旅行　　B 看球赛　　C 去游泳　　D 在家休息

22. A 时间太晚　　B 节日期间　　C 今天免费　　D 没人排队

23. A 每天　　　　B 每周　　　　C 有客人的时候　D 心情好的时候

24. A 应聘　　　　B 实习　　　　C 招聘　　　　D 约会

25. A 教室　　　　B 宿舍　　　　C 咖啡馆儿　　D 饭馆儿

第三部分

第26-45题：请选出正确答案。

例如：男：把这个材料复印5份，一会儿拿到会议室发给大家。

女：好的。会议是下午三点吗？

男：改了。三点半，推迟了半个小时。

女：好，602会议室没变吧？

男：对，没变。

问：会议几点开始？

  A 两点   B 三点   C 15：30 ✓ D 18：00

26. A 编辑   B 作家   C 设计师   D 漫画家

27. A 看话剧   B 看电影   C 散步   D 游泳

28. A 语言考试 B 教师考试 C 驾照考试 D 法律考试

29. A 便宜   B 好看   C 款式多   D 质量好

30. A 一米七   B 一米七五 C 一米八   D 一米八五

31. A 太忙了   B 工资太低 C 关系复杂 D 职业前景不好

32. A 看电影   B 听音乐会 C 看球赛   D 去旅行

33. A 一起带孩子 B 辞职带孩子 C 找保姆带孩子 D 父母帮忙带孩子

34. A 作者不出名 B 很便宜   C 男的不喜欢 D 男的要送给爱人

35. A 接女儿   B 接妻子   C 朋友聚会 D 照顾母亲

36. A 春季　　　　B 夏季　　　　C 秋季　　　　D 冬季

37. A 云海　　　　B 日出　　　　C 雨雪　　　　D 森林

38. A 增进感情　　B 有益大脑　　C 减轻体重　　D 减慢记忆下降

39. A 情感　　　　B 交际　　　　C 健康　　　　D 心理

40. A 10千克　　 B 10.5千克　 C 11千克　　 D 12千克

41. A 细胞壁　　　B 细胞核　　　C 水　　　　　D 浆

42. A 热量高　　　B 清淡　　　　C 有营养　　　D 量少

43. A 韩国　　　　B 泰国　　　　C 澳大利亚　　D 日本

44. A 销售　　　　B 服务员　　　C 设计师　　　D 建筑师

45. A 保温好　　　B 很便宜　　　C 质量好　　　D 寿命长

二、阅读

第一部分

第46-50题：选词填空。

  A 值得   B 心情   C 满   D 坚持   E 同时   F 于是

例如：他每天都（ D ）走路上下班，所以身体一直很不错。

46. 他想了很长时间都没有想出答案来，（   ）放弃了。

47. 你怎么（   ）脸都是汗？是不是去体育馆运动了？

48. 她的诚实（   ）我们向她学习。

49. 他们明天（   ）从上海出发。

50. 昨天你好像不太开心，今天（   ）怎么样？

第51-55题：选词填空。

A 进入　　B 到　　C 温度　　D 剩　　E 烦　　F 坏处

例如：A：今天真冷啊，好像白天最高（　C　）才2℃。

B：刚才电视里说明天更冷。

51. A：饭都凉了，怎么还不来吃啊？

B：别喊了，我正（　　　）着呢，这次考试考得特别差。

52. A：爸爸，我还想吃一块巧克力，可以吗？

B：你今天已经吃得够多了，（　　　）下的明天再吃吧。

53. A：我想去学钢琴，可又觉得自己不适合学乐器。

B：没试过就不要轻易下结论，去试试没什么（　　　）。

54. A：这个月的电费多了很多。

B：（　　　）夏天了，空调用得多，电费也就多了。

55. A：小李的钥匙在我这里，可是我找不（　　　）他。

B：他可能在三楼会议室开会，你去那里看看。

第二部分

第 56-65 题：排列顺序。

比如：A 可是今天起晚了

　　　B 平时我骑自行车上下班

　　　C 所以就打车来公司了　　　　　　　　　　　　　B A C

56. A 明天要去北京出差

　　 B 我刚刚接到公司通知

　　 C 恐怕没时间和你见面了　　　　　　　　　　　　_____

57. A 当我们听到别人的批评的时候

　　 B 而是应该冷静地思考他们的批评是否正确

　　 C 先不要生气，尤其不要发脾气　　　　　　　　　_____

58. A 既然你知道是自己做错了

　　 B 那你就该主动向她道歉

　　 C 在这个问题上　　　　　　　　　　　　　　　　_____

59. A 他是一个非常喜欢运动的人

　　 B 尽管现在工作非常忙

　　 C 可是周末他仍然会约朋友一起打篮球　　　　　　_____

60. A 然后去吃了当地有名的小吃

　　 B 他首先熟悉了一下居住周围的环境

　　 C 到了一个新的地方以后　　　　　　　　　　　　_____

61. A 不知道过度运动也是过劳

　　B 虽然人们知道过度劳累对身体的危害

　　C 但有些人总以为只有辛苦的体力劳动才是过劳　　_____

62. A 这样不但不能放松身体

　　B 反而会使运动时产生的代谢物"沉积"在体内

　　C 运动后接着睡觉　　_____

63. A 中国老年人口越来越多

　　B 这给社会和家庭都带来了很大的压力

　　C 老龄化现象越来越严重　　_____

64. A 体育运动不仅能让人保持健康的身体

　　B 科学家已经找到证据证明

　　C 还能提升脑力活动的效率　　_____

65. A 很多时候还是用来娱乐和休闲的

　　B 音乐已经不仅仅是用来听的

　　C 由于社会生活越来越紧张　　_____

第三部分

第66-85题：请选出正确答案。

例如：她很活泼，说话很有趣，总能给我们带来快乐，我们都很喜欢和她在一起。

　　★ 她是个什么样的人？

　　A 幽默 ✓　　　　B 马虎　　　　　C 骄傲　　　　　D 害羞

66. 无论是体力劳动还是脑力劳动后，都应该休息一会儿再洗澡，否则容易引起心脏、脑部供血不足，甚至发生昏厥。

　　★ 体力劳动后：

　　A 应休息　　　　B 应洗澡　　　　C 供血不足　　　D 容易昏厥

67. 研究发现，每天只睡6－7个小时的人，比每天睡觉超过8小时或少于4小时的人死亡率要低很多。其中，每天睡7小时的人死亡率最低。

　　★ 合适的睡眠长度是：

　　A 4小时　　　　B 5小时　　　　C 6小时　　　　D 9小时

68. 政府要想从根本上解决城市交通拥堵问题，必须采取"疏导"措施，从转变消费观念和出行观念入手，引导居民采用公共交通的出行方式。

　　★ 解决交通拥堵，政府应该：

　　A 多修路　　　B 禁止居民开车　　C 疏散民众　　　D 改变居民观念

69. 论文的好坏直接关系到能否顺利毕业。复制粘贴这一套是行不通的，完成一篇优秀的论文需要查阅非常多的资料，参考不同人的观点，绝对不是一件容易的事。

　　★ 论文：

　　A 不重要　　　B 影响毕业　　　C 很容易　　　D 可以代写

70. 上海铁路局提示G8这趟"红眼列车"将于晚上7点从上海虹桥始发，晚上11点48分抵达北京南站。在晚间运行的火车通常被称为"红眼列车"。

★ G8：

A 北京始发　　　B 影响睡眠　　　C 是红色的　　　D 晚间运行

71. 人们想把任何事都做到最好，总是希望想得到的东西完美，但是，世间没有十全十美的事物。过于追求完美，只会得不偿失。而敢于放弃，反倒可以换来完美。

★ 这段话主要告诉我们要：

A 努力做事　　　B 追求完美　　　C 敢于放弃　　　D 永不舍弃

72. 如今，随着人们生活水平的不断提高，在吃饭这件事上，已经不是吃饱就是"幸福"。人们不但要吃得饱，而且要吃得好，更多地追求如何健康、多样化地吃好每一餐。

★ 对于吃饭，现在人们更多地追求：

A 吃饱　　　B 健康　　　C 吃少　　　D 方便

73. 一提到戒烟，很多人自然而然地想到男性，而中国最近一次吸烟行为的流行病学调查表明，在中国，女性抽烟者占全部女性的3.2%。

★ 调查表明，抽烟者：

A 也有女性　　　B 都是男性　　　C 都要戒烟　　　D 男性比女性多

74. 邮票能体现一个国家或地区的历史、科技、经济、文化、风土人情等特色，这让邮票除了邮政价值之外还有收藏价值。邮票也是某些国家或地区重要的经济来源。

★ 邮票的价值不包括：

A 体现文化　　　B 反映政治　　　C 有收藏价值　　　D 是经济来源

75. 纵观二十世纪各国的发展，我们可以清楚地看到，国家的强大和民族的振兴，取决于多方面的因素，而良好的国民素质无疑是最重要、最具潜力的因素。

★国家的发展取决于：

A 国际环境　　　B民族团结　　　C 国民素质　　　D 政府领导

76. 不吃早餐虽然是一个降低体内热量的简单方法，但这可能导致你在办公室吃很多零食，反而使体内热量大增。其实，高蛋白、高纤维的早餐会缓解你一整天的饥饿感。

★不吃早餐可以：

A 降低热量　　　B增加热量　　　C 缓解饥饿　　　D 燃烧脂肪

77. 快乐过了头，就会有副作用。心理学发现，那些被评价为"非常快乐"的人，竟然普遍比"快乐情绪有所保留"的人去世得早。

★快乐：

A 应该适度　　　B有副作用　　　C 越多越好　　　D 损害健康

78. 最近，很多公司都进行了工资水平的调整，工资普遍上涨。许多公司表示，涨工资也是鼓励员工认真工作的手段，这样对公司发展也有帮助。

★很多公司：

A 发展很快　　　B招新员工　　　C 工资上调　　　D 调整管理

79. 生活，就像一个魔术师，他轻松地变着花样，随意给你一副牌。你无法左右你手中牌的好坏，但是你可以决定牌的打法。手握一把糟糕的牌，怨天尤人是一种打法，面对现实、积极行动也是一种打法。

★这段话主要是谈：

A 怎么打牌　　　B怎么变魔术　　　C 生活态度　　　D 理想生活

80-81.

　　饮用什么样的茶，采用怎样的喝茶方式，每个人都有自己的习惯，不必千篇一律。但一定要注意喝茶的时间和饮量，以免引起不良反应。比如，绿茶有提神的功效，晚上喝绿茶会使大脑兴奋，不利于睡眠。

　　★喝茶要注意：

　　　　A 饮茶品种　　　B饮茶方式　　　C 饮茶习惯　　　D 饮茶时间

　　★绿茶不适合哪个时间喝？

　　　　A 早上　　　　　B上午　　　　　C 下午　　　　　D 晚上

82-83.

　　微信时代里，越来越多的中老年人也玩起了微博、微信，他们不仅与亲戚朋友联络感情，更希望能打入孩子的朋友圈，了解、关心孩子的生活。但父母的加入，却引起了不少年轻人的反感，称父母"监控"了自己，大叫"没隐私"。

　　★中老年人玩微信是为了：

　　　　A 了解孩子生活　　　　　　　B 获得最新信息
　　　　C 紧跟时代潮流　　　　　　　D 监控孩子生活

　　★很多年轻人对父母玩微信的态度是：

　　　　A 支持　　　　　B反对　　　　　C 高兴　　　　　D 担心

84-85.

　　很多人洗头时喜欢低着头，把头发垂下来洗。但专家提醒大家，头部长时间下垂会影响正常血液循环，造成脑供血不足，对头发生长也不利。因此洗澡时直立洗头比较合适，而且要让身体调整到最舒服的状态。如果出现某个部位疼痛、麻木等症状，说明血管或神经受到压迫，应该适时调整。

　　★洗头时低着头可能会：

　　　　A 洗得更干净　　　　　　　　B 脑供血不足
　　　　C 利于头发生长　　　　　　　D 促进血液循环

　　★淋浴时合适的洗头姿势是：

　　　　A 蹲着　　　　　B坐着　　　　　C 直立　　　　　D 平躺

三、书写

第一部分

第86-95题：完成句子。

例如：那座桥　　800年的　　历史　　有　　了

　　　　那座桥有800年的历史了。

86. 顺利　　我本来　　任务能　　完成　　以为

87. 在翻译　　他最近　　建筑方面的书　　一本

88. 健康　　吸烟　　身体　　不利于

89. 管理能力　　不仅需要耐心　　还需要　　这份工作

90. 有意识地　　工作再忙　　即使　　也应该　　运动

91. 要被　　他的　　取消了　　考试资格

92. 实在　　这个问题　　回答了　　太难

93. 连身份证　　带了　　他　　都忘记　　竟然

94. 这个专业　　他　　学习　　很适合

95. 有计划　　做什么　　不管　　都应该　　事情

第二部分

第96-100题：看图，用词造句。

例如：　　　　　乒乓球　　　<u>他很喜欢打乒乓球。</u>

96.　　　　　失败

97.　　　　　扔

98.　　　　　科学

99.　　　　　改变

100.　　　　　排列

汉 语 水 平 考 试 **HSK**（四 级） 答 题 卡

—— 请填写考生信息 ——

按照考试证件上的姓名填写：

| 姓名 | |

如果有中文姓名，请填写：

| 中文姓名 | |

考生序号	[0] [1] [2] [3] [4] [5] [6] [7] [8] [9]
	[0] [1] [2] [3] [4] [5] [6] [7] [8] [9]
	[0] [1] [2] [3] [4] [5] [6] [7] [8] [9]
	[0] [1] [2] [3] [4] [5] [6] [7] [8] [9]
	[0] [1] [2] [3] [4] [5] [6] [7] [8] [9]

—— 请填写考点信息 ——

考点代码	[0] [1] [2] [3] [4] [5] [6] [7] [8] [9]
	[0] [1] [2] [3] [4] [5] [6] [7] [8] [9]
	[0] [1] [2] [3] [4] [5] [6] [7] [8] [9]
	[0] [1] [2] [3] [4] [5] [6] [7] [8] [9]
	[0] [1] [2] [3] [4] [5] [6] [7] [8] [9]
	[0] [1] [2] [3] [4] [5] [6] [7] [8] [9]
	[0] [1] [2] [3] [4] [5] [6] [7] [8] [9]

国籍	[0] [1] [2] [3] [4] [5] [6] [7] [8] [9]
	[0] [1] [2] [3] [4] [5] [6] [7] [8] [9]
	[0] [1] [2] [3] [4] [5] [6] [7] [8] [9]

| 年龄 | [0] [1] [2] [3] [4] [5] [6] [7] [8] [9] |
| | [0] [1] [2] [3] [4] [5] [6] [7] [8] [9] |

| 性别 | 男 [1] 女 [2] |

注意 | 请用2B铅笔这样写：■■

一、听力

1. [√] [×]　　6. [√] [×]　　11. [A][B][C][D]　16. [A][B][C][D]　21. [A][B][C][D]
2. [√] [×]　　7. [√] [×]　　12. [A][B][C][D]　17. [A][B][C][D]　22. [A][B][C][D]
3. [√] [×]　　8. [√] [×]　　13. [A][B][C][D]　18. [A][B][C][D]　23. [A][B][C][D]
4. [√] [×]　　9. [√] [×]　　14. [A][B][C][D]　19. [A][B][C][D]　24. [A][B][C][D]
5. [√] [×]　　10. [√] [×]　　15. [A][B][C][D]　20. [A][B][C][D]　25. [A][B][C][D]

26. [A][B][C][D]　31. [A][B][C][D]　36. [A][B][C][D]　41. [A][B][C][D]
27. [A][B][C][D]　32. [A][B][C][D]　37. [A][B][C][D]　42. [A][B][C][D]
28. [A][B][C][D]　33. [A][B][C][D]　38. [A][B][C][D]　43. [A][B][C][D]
29. [A][B][C][D]　34. [A][B][C][D]　39. [A][B][C][D]　44. [A][B][C][D]
30. [A][B][C][D]　35. [A][B][C][D]　40. [A][B][C][D]　45. [A][B][C][D]

二、阅读

46. [A][B][C][D][E][F]　　51. [A][B][C][D][E][F]
47. [A][B][C][D][E][F]　　52. [A][B][C][D][E][F]
48. [A][B][C][D][E][F]　　53. [A][B][C][D][E][F]
49. [A][B][C][D][E][F]　　54. [A][B][C][D][E][F]
50. [A][B][C][D][E][F]　　55. [A][B][C][D][E][F]

56. _____　58. _____　60. _____　62. _____　64. _____

57. _____　59. _____　61. _____　63. _____　65. _____

66. [A][B][C][D]　71. [A][B][C][D]　76. [A][B][C][D]　81. [A][B][C][D]
67. [A][B][C][D]　72. [A][B][C][D]　77. [A][B][C][D]　82. [A][B][C][D]
68. [A][B][C][D]　73. [A][B][C][D]　78. [A][B][C][D]　83. [A][B][C][D]
69. [A][B][C][D]　74. [A][B][C][D]　79. [A][B][C][D]　84. [A][B][C][D]
70. [A][B][C][D]　75. [A][B][C][D]　80. [A][B][C][D]　85. [A][B][C][D]

86-100题接背面

汉 语 水 平 考 试 **HSK**（四 级） 答 题 卡

三、书写

86. _____

87. _____

88. _____

89. _____

90. _____

91. _____

92. _____

93. _____

94. _____

95. _____

96. _____

97. _____

98. _____

99. _____

100. _____

不要写到框线以外!

汉 语 水 平 考 试 H S K（四级） 答 题 卡

■ ■

请填写考生信息

按照考试证件上的姓名填写：

| 姓名 | |

如果有中文姓名，请填写：

| 中文姓名 | |

考生序号	[0] [1] [2] [3] [4] [5] [6] [7] [8] [9]
	[0] [1] [2] [3] [4] [5] [6] [7] [8] [9]
	[0] [1] [2] [3] [4] [5] [6] [7] [8] [9]
	[0] [1] [2] [3] [4] [5] [6] [7] [8] [9]
	[0] [1] [2] [3] [4] [5] [6] [7] [8] [9]

请填写考点信息

考点代码	[0] [1] [2] [3] [4] [5] [6] [7] [8] [9]
	[0] [1] [2] [3] [4] [5] [6] [7] [8] [9]
	[0] [1] [2] [3] [4] [5] [6] [7] [8] [9]
	[0] [1] [2] [3] [4] [5] [6] [7] [8] [9]
	[0] [1] [2] [3] [4] [5] [6] [7] [8] [9]
	[0] [1] [2] [3] [4] [5] [6] [7] [8] [9]
	[0] [1] [2] [3] [4] [5] [6] [7] [8] [9]

国籍	[0] [1] [2] [3] [4] [5] [6] [7] [8] [9]
	[0] [1] [2] [3] [4] [5] [6] [7] [8] [9]
	[0] [1] [2] [3] [4] [5] [6] [7] [8] [9]

| 年龄 | [0] [1] [2] [3] [4] [5] [6] [7] [8] [9] |
| | [0] [1] [2] [3] [4] [5] [6] [7] [8] [9] |

| 性别 | 男　[1]　　　　女　[2] |

注意　请用2B铅笔这样写：■

一、听力

1. [√] [×]　　6. [√] [×]　　11. [A][B][C][D]　16. [A][B][C][D]　21. [A][B][C][D]
2. [√] [×]　　7. [√] [×]　　12. [A][B][C][D]　17. [A][B][C][D]　22. [A][B][C][D]
3. [√] [×]　　8. [√] [×]　　13. [A][B][C][D]　18. [A][B][C][D]　23. [A][B][C][D]
4. [√] [×]　　9. [√] [×]　　14. [A][B][C][D]　19. [A][B][C][D]　24. [A][B][C][D]
5. [√] [×]　　10. [√] [×]　　15. [A][B][C][D]　20. [A][B][C][D]　25. [A][B][C][D]

26. [A][B][C][D]　31. [A][B][C][D]　36. [A][B][C][D]　41. [A][B][C][D]
27. [A][B][C][D]　32. [A][B][C][D]　37. [A][B][C][D]　42. [A][B][C][D]
28. [A][B][C][D]　33. [A][B][C][D]　38. [A][B][C][D]　43. [A][B][C][D]
29. [A][B][C][D]　34. [A][B][C][D]　39. [A][B][C][D]　44. [A][B][C][D]
30. [A][B][C][D]　35. [A][B][C][D]　40. [A][B][C][D]　45. [A][B][C][D]

二、阅读

46. [A][B][C][D][E][F]　　51. [A][B][C][D][E][F]
47. [A][B][C][D][E][F]　　52. [A][B][C][D][E][F]
48. [A][B][C][D][E][F]　　53. [A][B][C][D][E][F]
49. [A][B][C][D][E][F]　　54. [A][B][C][D][E][F]
50. [A][B][C][D][E][F]　　55. [A][B][C][D][E][F]

56. _____　58. _____　60. _____　62. _____　64. _____

57. _____　59. _____　61. _____　63. _____　65. _____

66. [A][B][C][D]　71. [A][B][C][D]　76. [A][B][C][D]　81. [A][B][C][D]
67. [A][B][C][D]　72. [A][B][C][D]　77. [A][B][C][D]　82. [A][B][C][D]
68. [A][B][C][D]　73. [A][B][C][D]　78. [A][B][C][D]　83. [A][B][C][D]
69. [A][B][C][D]　74. [A][B][C][D]　79. [A][B][C][D]　84. [A][B][C][D]
70. [A][B][C][D]　75. [A][B][C][D]　80. [A][B][C][D]　85. [A][B][C][D]

86-100题接背面

■　　+　　　　　　　　　　　　　　　　　　　　+

절취선

三、书写

86. _____ —

87. _____ —

88. _____ —

89. _____ —

90. _____ —

91. _____ —

92. _____ —

93. _____ —

94. _____ —

95. _____

96. _____ —

97. _____ —

98. _____ —

99. _____ —

100. _____ —

不要写到框线以外！

汉 语 水 平 考 试 HSK(四级) 答 题 卡

── 请填写考生信息 ──

按照考试证件上的姓名填写：

| 姓名 | |

如果有中文姓名，请填写：

| 中文姓名 | |

考生序号	[0] [1] [2] [3] [4] [5] [6] [7] [8] [9]
	[0] [1] [2] [3] [4] [5] [6] [7] [8] [9]
	[0] [1] [2] [3] [4] [5] [6] [7] [8] [9]
	[0] [1] [2] [3] [4] [5] [6] [7] [8] [9]
	[0] [1] [2] [3] [4] [5] [6] [7] [8] [9]

── 请填写考点信息 ──

考点代码	[0] [1] [2] [3] [4] [5] [6] [7] [8] [9]
	[0] [1] [2] [3] [4] [5] [6] [7] [8] [9]
	[0] [1] [2] [3] [4] [5] [6] [7] [8] [9]
	[0] [1] [2] [3] [4] [5] [6] [7] [8] [9]
	[0] [1] [2] [3] [4] [5] [6] [7] [8] [9]
	[0] [1] [2] [3] [4] [5] [6] [7] [8] [9]

国籍	[0] [1] [2] [3] [4] [5] [6] [7] [8] [9]
	[0] [1] [2] [3] [4] [5] [6] [7] [8] [9]
	[0] [1] [2] [3] [4] [5] [6] [7] [8] [9]

| 年龄 | [0] [1] [2] [3] [4] [5] [6] [7] [8] [9] |
| | [0] [1] [2] [3] [4] [5] [6] [7] [8] [9] |

| 性别 | 男 [1]   女 [2] |

注意 | 请用2B铅笔这样写：■

一、听力

1. [√] [×]   6. [√] [×]   11. [A][B][C][D]   16. [A][B][C][D]   21. [A][B][C][D]
2. [√] [×]   7. [√] [×]   12. [A][B][C][D]   17. [A][B][C][D]   22. [A][B][C][D]
3. [√] [×]   8. [√] [×]   13. [A][B][C][D]   18. [A][B][C][D]   23. [A][B][C][D]
4. [√] [×]   9. [√] [×]   14. [A][B][C][D]   19. [A][B][C][D]   24. [A][B][C][D]
5. [√] [×]   10. [√] [×]   15. [A][B][C][D]   20. [A][B][C][D]   25. [A][B][C][D]

26. [A][B][C][D]   31. [A][B][C][D]   36. [A][B][C][D]   41. [A][B][C][D]
27. [A][B][C][D]   32. [A][B][C][D]   37. [A][B][C][D]   42. [A][B][C][D]
28. [A][B][C][D]   33. [A][B][C][D]   38. [A][B][C][D]   43. [A][B][C][D]
29. [A][B][C][D]   34. [A][B][C][D]   39. [A][B][C][D]   44. [A][B][C][D]
30. [A][B][C][D]   35. [A][B][C][D]   40. [A][B][C][D]   45. [A][B][C][D]

二、阅读

46. [A][B][C][D][E][F]   51. [A][B][C][D][E][F]
47. [A][B][C][D][E][F]   52. [A][B][C][D][E][F]
48. [A][B][C][D][E][F]   53. [A][B][C][D][E][F]
49. [A][B][C][D][E][F]   54. [A][B][C][D][E][F]
50. [A][B][C][D][E][F]   55. [A][B][C][D][E][F]

56. _____   58. _____   60. _____   62. _____   64. _____

57. _____   59. _____   61. _____   63. _____   65. _____

66. [A][B][C][D]   71. [A][B][C][D]   76. [A][B][C][D]   81. [A][B][C][D]
67. [A][B][C][D]   72. [A][B][C][D]   77. [A][B][C][D]   82. [A][B][C][D]
68. [A][B][C][D]   73. [A][B][C][D]   78. [A][B][C][D]   83. [A][B][C][D]
69. [A][B][C][D]   74. [A][B][C][D]   79. [A][B][C][D]   84. [A][B][C][D]
70. [A][B][C][D]   75. [A][B][C][D]   80. [A][B][C][D]   85. [A][B][C][D]

86-100题接背面

절취선

汉 语 水 平 考 试 HSK（四 级） 答 题 卡

三、书写

86. _____ —

87. _____ —

88. _____ —

89. _____ —

90. _____ —

91. _____ —

92. _____ —

93. _____ —

94. _____ —

95. _____ —

96. _____ —

97. _____ —

98. _____ —

99. _____ —

100. _____ —

不要写到框线以外！

孔子学院总部/国家汉办
Confucius Institute Headquarters(Hanban)

汉 语 水 平 考 试
Chinese Proficiency Test

HSK（四级）成绩报告
HSK (Level 4) Examination Score Report

姓名：
Name

性别： **国籍：**
Gender Nationality

考试时间： _____ 年 ____ 月 ____ 日
Examination Date Year Month Day

编号：
No.

准考证号：
Admission Ticket Number

	满分 Full Score	你的分数 Your Score
听力 Listening	100	
阅读 Reading	100	
书写 Writing	100	
总分 Total Score	300	

听力 Listening	阅读 Reading	书写 Writing	总分 Total Score	百分等级 Percentile Rank
100	99	94	287	99%
93	92	83	262	90%
88	88	76	247	80%
83	82	72	235	70%
80	78	67	222	60%
76	71	64	209	50%
70	65	59	195	40%
64	58	55	179	30%
58	50	50	162	20%
50	40	43	139	10%

总分180分为合格 (Passing Score: 180)

主任 _____
Director

国家汉办
Hanban
HANBAN

中国 · 北京
Beijing · China

成绩自考试日起2年内有效

memo